新发展理念研究丛书

协调发展理念研究

新时代全面发展的制胜要诀

RESEARCH ON THE CONCEPT OF
COORDINATIVE DEVELOPMENT

THE WINNING FORMULA FOR THE ALL-ROUND DEVELOPMENT IN THE NEW ERA

陈鸿宇 等 编著

社会科学文献出版社
SOCIAL SCIENCES ACADEMIC PRESS (CHINA)

新发展理念研究丛书编委会

主　　编：徐咏虹

执行主编：曾伟玉

编　　委：（按姓氏笔画排序）

王　宁　左　丽　张振刚　陈伟民　陈鸿宇

杨　霖　周永章　贺　忠　郭德焱　梅声洪

董小麟

编　　务：吴　晴　刘　颖　沈　超　李　钧

总序
践行新发展理念，谋划改革开放新宏图

魏后凯[*]

当今之中国，正处于历史上发展最好的时期。党的十八大以来，在世界经济持续低迷、我国经济发展进入新常态的背景下，我国经济年均增速保持在7%左右，2018年经济总量超过90万亿元，人均国内生产总值接近1万美元；对世界经济增长的年均贡献率达30%左右，成为世界经济增长的主要动力源和稳定器。

从国际大势看，世界经济在大调整大变革之中出现了一些新的变化趋势，国际金融危机深层次影响持续蔓延，国际竞争更趋激烈，保护主义、内顾倾向初见端倪，国际经济格局和治理体系出现重大调整，我国发展的外部环境和条件发生了急剧变化。

从我国面临的问题看，改革开放以来，尽管我们创造了举世瞩目的发展奇迹，经济长期向好基本面没有变，但长期快速发展中积累的矛盾、问题也不少。比如，发展不平衡不充分、发展质量和效益不高等，转方式、调结构、换动力的要求日益迫切。

---

[*] 魏后凯，中国社会科学院农村发展研究所所长、研究员。

在大调整大变革的时代背景下，习近平总书记在党的十八届五中全会上提出了以"创新、协调、绿色、开放、共享"的新发展理念引领我国发展全局的战略思想，为我国"十三五"乃至更长时期的发展指明了方向和思路。

新发展理念既是能否顺利实现"十三五"规划、"两个一百年"奋斗目标的五大决定性因素，也是引领"四个全面战略布局"的核心理念。新发展理念"不是凭空得来的，是我们在深刻总结国内外发展经验教训的基础上形成的，也是在深刻分析国内外发展大势的基础上形成的，集中反映了我们党对经济社会发展规律认识的深化，也是针对我国发展中的突出矛盾和问题提出来的"[①]。这些重要论述，鲜明体现了新发展理念是管全局、管根本、管长远的战略思想，所揭示的经济发展规律，是对我国社会主要矛盾变化规律的科学把握和深刻反映，为我们破解发展难题、增强发展动力、厚植发展优势提供了行动指南。

坚定践行新发展理念，对于更好地在中国特色社会主义道路上创造全面建成小康社会的历史辉煌，进一步聚合全面深化改革正能量，增创广东发展新优势具有重大现实意义和深远历史意义。

深自砥砺，笃定前行。近年来，广东全省上下不懈努力，深入学习贯彻习近平新时代中国特色社会主义思想和党的十九大精神，坚定践行新发展理念，牢记习近平总书记对广东做出的"三个定位，两个率先"和"四个坚持、三个支撑、两个走在前列"的重要指示，充分发挥粤港澳综合优势，加快建设富有活力和国际竞争力的国际一流湾区和世界级城市群，在转变经济发展方式、发展实体经济、推动科技创新、提高开放水平以及完善和创新社会治理等方面，广东显示出先人一步的优势，其创新发展实践探索不仅为后续发展注入了澎湃动力，也为全国各地区

---

① 习近平：《在党的十八届五中全会第二次全体会议上的讲话（节选）》，《求是》2016年第1期。

的创新发展实践提供了生动样本。2018年，广东省地区生产总值达到9.73万亿元，经济总量连续30年稳居全国第一位。除经济总量外，体现发展质量的规模以上工业企业总数、国家级高新技术企业数量、有效发明专利、区域创新综合能力等均居全国第一。广州作为国家重要中心城市，把握历史新机遇，努力践行新发展理念，坚持"攻城拔寨、落地生根"抓落实，推动广州各项事业发展全面上水平、走前列。近年来，广州经济保持较快增长，地区生产总值由2011年的1.26万亿元提高到2018年的2.29万亿元，稳定保持在全省前列。

坚持新发展理念，是被广东、广州实践验证的科学指导思想，更是广东、广州在新起点上再创新辉煌必须遵循的基本原则。在新的起点上，广东要持续践行新发展理念，崇尚创新、注重协调、倡导绿色、厚植开放、推进共享，努力破解发展中面临的新问题和新动向，实现更高质量、更有效率、更加公平、更可持续的发展。

2018年3月7日，习近平总书记在参加第十三届全国人大一次会议广东代表团审议时，对广东在形成全面开放新格局中应抓住参与建设粤港澳大湾区的战略机遇提出了明确要求，强调指出："要以更宽广的视野、更高的目标要求、更有力的举措推动全面开放，加快发展更高层次的开放型经济，加快培育贸易新业态新模式，积极参与'一带一路'建设，加强创新能力开放合作。要抓住建设粤港澳大湾区重大机遇，携手港澳加快推进相关工作，打造国际一流湾区和世界级城市群。"[①] 广东必须深入落实新发展理念，牢牢抓住新时代的重要战略机遇，勇于迎接挑战，力争在全面开放新格局中继续走在全国前列。

总书记的殷殷嘱托，给新时期的广东提出了新的时代任务和挑战。为持续深入学习宣传贯彻党的十九大精神，研究阐释和准确把握习近平

---

① 《习近平李克强栗战书汪洋王沪宁赵乐际韩正分别参加全国人大会议一些代表团审议》，《人民日报》2018年3月8日，第1版。

新时代中国特色社会主义思想的科学内涵、精神实质和实践要求，扎实推进习近平新时代中国特色社会主义思想在南粤大地落地生根结出丰硕成果，中共广州市委宣传部、广州市社会科学界联合会、广州市社科规划办组织开展了"习近平新时代中国特色社会主义思想"系列课题研究，从"践行新发展理念"和"新时代文化自信"两个方向设立了研究课题，充分整合广州地区高校、党校、科研机构等的研究力量，凝聚广州地区知名社科理论名家的成果和智慧，组织出版了新发展理念研究丛书和文化自信研究丛书。这既是广州社科界服务中国特色社会主义建设事业的一次大胆尝试，也充分展现了广州社科界的研究力、创造力和价值引领力。

新发展理念研究丛书由5部专著组成，约150万字，分别从创新理念、协调理念、绿色理念、开放理念、共享理念五个方面，对新发展理念的重大意义、丰富内涵和深邃道理进行了全面透彻阐述。具体而言，在创新、协调、绿色、开放、共享的新发展理念中，创新要着力解决的是发展动力问题，创新是新发展理念的核心，是实现协调、绿色、开放与共享的根本动力与实践抓手。协调发展注重的是解决发展不平衡问题。要学会运用辩证法，善于"弹钢琴"，处理好局部和全局、当前和长远、重点和非重点的关系，着力推动区域协调发展、城乡协调发展、物质文明和精神文明协调发展，推动经济建设和国防建设融合发展。绿色发展注重的是解决人与自然和谐问题。要树立大局观、长远观、整体观，坚持节约资源和保护环境的基本国策，像保护眼睛一样保护生态环境，像对待生命一样对待生态环境，推动形成绿色发展方式和生活方式。开放发展注重的是解决发展内外联动问题。要提高把握国内国际两个大局的自觉性和能力，提高对外开放质量和水平。共享发展注重的是解决社会公平正义问题。要坚持人民主体地位，顺应人民群众对美好生活的向往，不断实现好、维护好、发展好最广大人民根本利益，做到发展为了人民、发展依靠人民、发展成果由人民共享。

与此同时，丛书也全景式、立体式地展现了广东省、广州市践行新发展理念取得的成效和发展经验，以期为全国各地践行新发展理念提供实践参考。丛书的出版，对于我们正确认识当前所处的时代环境和国内外形势，从容应对各种风险和挑战，具有重要的指引作用和参考价值；对我们深入学习领会习近平新时代中国特色社会主义思想，坚持以新发展理念为引领，更好推动高质量发展，具有重要的理论意义和实践价值。

在撰写过程中，本丛书主要遵循以下四个原则。一是时代性。针对习近平总书记关于新发展理念的深刻论述，本丛书在认真研读新发展理念的基础上致力于追溯其理论背景、理论基础和内涵意义，明确回答为何要深入贯彻落实新发展理念。二是准确性。丛书的核心观点均出自习近平总书记关于新发展理念的论述，在认真研读、深刻领会前提下力求将习近平总书记的新发展理念原汁原味地展现给读者，展现它的继承性、发展性、权威性。三是完整性。无论是每部专著的概念框架还是每一章节的具体阐述，都对习近平总书记的论述进行了全面系统的梳理，努力结构化、系统化、体系化地展现出习近平总书记的新发展理念。四是实践性。本书注重理论与实践相结合，在详细论述新发展理念深刻内涵的同时，把理论解读、观点阐释同国家及广东的实践相结合，为我国理论工作者、实践工作者和广大高校学生，在当前和今后深入学习研究新发展理念提供了一个导引性的读本。

新发展理念具有科学的理论逻辑、立意高远的实践内涵以及对中国未来乃至世界文明的重大示范意义，它是马克思主义发展观在当代中国的重大创新，也是解决新时代社会主要矛盾，引领高质量发展，推进中国特色社会主义建设的行动指南。由于新发展理念内涵丰富、博大精深，本丛书的理解和阐释必然还有改进的余地，书中存在遗漏与不足在所难免，但我相信，本丛书的出版将为广大读者深入学习和实践新发展理念提供重要的参考。

目 录
Contents

第一章　关于协调发展理念的基本内涵和理论基础 …………… 1
　　第一节　研究对象、研究意义、研究目标和研究方法 ………… 1
　　第二节　深刻理解协调发展理念的时代背景、
　　　　　　理论内涵和总体要求 ……………………………………… 4
　　第三节　国内外关于协调发展理念的演化 ……………………… 11
　　第四节　中国共产党在长期实践中形成的
　　　　　　关于协调发展的理念和实践 …………………………… 20

第二章　关于区域协调发展的重要论述和实践 ………………… 28
　　第一节　区域协调发展重要论述的内涵与意义 ………………… 28
　　第二节　区域协调发展的战略路径 ……………………………… 38
　　第三节　广东促进区域协调发展的实践 ………………………… 52

第三章　关于城乡协调发展的重要论述和实践 ………………… 66
　　第一节　我国城乡发展的不平衡不充分状况 …………………… 67
　　第二节　关于城市化和城乡融合发展的论述与实践 …………… 76

  第三节 新型城镇化战略与乡村振兴战略 …………………… 80
  第四节 广东省和广州市推进城乡协调发展的实践探索 ………… 96

第四章 关于物质文明和精神文明协调发展的重要论述和实践 …… 102
  第一节 我国物质文明和精神文明协调发展的成就与不足 ……102
  第二节 加快文化改革，建设现代化文化强国 ………………… 110
  第三节 协调推进思想道德建设和社会诚信建设 ……………… 114
  第四节 广东省和广州市推进物质文明和精神文明
     协调发展的实践探索 ……………………………………… 119

第五章 新时代协调发展的特点和方法 ………………………………… 126
  第一节 新时代协调发展的基本特点 …………………………… 126
  第二节 准确把握新时期协调发展的重大关系 ………………… 132
  第三节 贯彻协调发展理念的辩证方法 ………………………… 135

第六章 协调推进新发展理念的全面落实 …………………………… 144
  第一节 协调推进创新型国家建设 ……………………………… 144
  第二节 协调推进美丽中国建设 ………………………………… 155
  第三节 协调推进形成全面开放新格局 ………………………… 167
  第四节 协调推进共享发展和改善民生 ………………………… 176

第七章 协调推进现代化经济体系建设 ……………………………… 184
  第一节 建设现代化经济体系是解决新时代
     社会主要矛盾的基本要求 ……………………………… 184
  第二节 深化供给侧结构性改革，协同推进质量
     变革、效率变革和动力变革 …………………………… 187

第三节　着力构筑实体经济、科技创新、现代金融、
　　　　 人力资源协同发展的产业体系 …………… 192

第四节　着力构建市场机制有效、微观主体有活力、
　　　　 宏观调控有度的经济体制 ………………… 197

第五节　广东省和广州市协调推进现代化经济
　　　　 体系建设的实践与探索 …………………… 199

后　记 ………………………………………………………… 204

第一章　关于协调发展理念的基本内涵和理论基础

党的十八届五中全会报告提出的"创新、协调、绿色、开放、共享"五大发展理念,是习近平总书记和党中央在对中华人民共和国成立以来的发展道路、模式和经验总结基础上,为全面建成小康社会和建设社会主义现代化强国而确立的新的发展理念。协调发展理念作为新发展理念的组成部分,对于我国这样一个发展中大国,具有重要的战略意义和现实意义。习近平总书记关于协调发展理念的论述是习近平新时代中国特色社会主义思想的重要内容,准确把握和领会协调发展理念的基本内涵和理论基础,是实现"两个百年目标"和中华民族复兴的中国梦的必然要求。

第一节　研究对象、研究意义、研究目标和研究方法

一　本书的研究对象

本书的研究对象是习近平总书记关于协调发展理念的论述。作为习近平新时代中国特色社会主义思想的重要构成部分,习近平总书记关于

协调发展理念的论述既包含了中国传统文化的精髓，也吸纳了人类历史上其他民族的优秀文明，并立足于我国革命、建设和改革的实践经验，是马克思主义中国化的最新成果，也是中国特色社会主义理论体系的最新成果。

习近平总书记关于协调发展理念的论述不仅从理论上回答了我国经济社会发展中"为什么要协调发展""什么才是协调发展""怎样才能协调发展"的问题，而且从哲学层面对协调发展理念的特点和实践方法进行了理论归纳，使协调发展理念成为党和国家的行动指南。正如习近平总书记指出的："协调既是发展手段又是发展目标，同时还是评价发展的标准和尺度，是发展两点论和重点论的统一，是发展平衡和不平衡的统一，是发展短板和潜力的统一。"① 我们要从理论维度和实践维度的有机结合上，全面领会习近平关于协调发展理念的论述。

二 学习和研究协调发展理念的意义

改革开放40年来，我国经济社会实现了持续快速增长，党的十八大以来，中国特色社会主义进入了新时代。同时，我们也应该清醒地认识到，我国的经济社会发展中不平衡不充分的一些突出问题尚未解决。正如党的十九大报告指出的，"我们的工作还存在许多不足，也面临不少困难和挑战。主要是：发展不平衡不充分的一些突出问题尚未解决，发展质量和效益还不高，创新能力不够强，实体经济水平有待提高，生态环境保护任重道远；民生领域还有不少短板，脱贫攻坚任务艰巨，城乡区域发展和收入分配差距依然较大，群众在就业、教育、医疗、居住、养老等方面面临不少难题；社会文明水平尚需提高；社会矛盾和问题交织叠加，全面依法治国任务依然繁重，国家治理体系和治理能力有待加强；意识形态领域斗争依然复杂，国家安全面临新情况；一些改革部署和重

---

① 《习近平总书记谈协调》，《人民日报》2016年3月3日，第11版。

大政策措施需要进一步落实；党的建设方面还存在不少薄弱环节。"① 要解决好这些矛盾，就需要树立新的发展理念，创新发展方式，寻求协调发展的路径和新模式。

党的十九大提出，我们既要决胜全面建成小康社会，又要开启全面建设社会主义现代化国家新征程。学习习近平总书记关于协调发展理念的重要论述，就必须围绕这一重大战略目标，具体研究区域协调发展、城乡协调发展、物质文明和精神文明协调发展、经济建设和国防建设融合发展的目标、内容和路径，研究协调发展和创新发展、绿色发展、开放发展、共享发展的协同关系，研究实现高质量发展和构建现代化经济体系的协同关系。要将协调发展理念贯穿于落实"四个全面"总体布局和"五位一体"战略布局中。党的十八大以来，我们党形成并积极推进经济建设、政治建设、文化建设、社会建设、生态文明建设"五位一体"的总体布局，形成并积极推进全面建成小康社会、全面深化改革、全面依法治国、全面从严治党的战略布局。我们要按照习近平总书记的要求，"坚持不忘初心、继续前进，就要统筹推进'五位一体'总体布局，协调推进'四个全面'战略布局，全力推进全面建成小康社会进程，不断把实现'两个一百年'奋斗目标推向前进"。②

三 学习和研究协调发展理念的方法

学习和研究协调发展理念的论述必须树立历史的、客观的、辩证的方法。

习近平总书记关于协调发展理念的论述是马克思主义中国化的最新成果，是对马克思主义的继承和发展，与马克思列宁主义、毛泽东思想、

---

① 习近平：《决胜全面建成小康社会 夺取新时代中国特色社会主义伟大胜利——在中国共产党第十九次全国代表大会上的报告（2017年10月18日）》，《人民日报》2017年10月28日，第2版。
② 《庆祝中国共产党成立95周年大会在京隆重举行》，《人民日报》2016年7月2日，第1版。

邓小平理论、"三个代表"重要思想、科学发展观一脉相承。学习研究习近平总书记关于协调发展理念的论述，既要立足于马克思主义中国化的理论发展逻辑和实践发展逻辑，又要立足于我国及世界发展的历史逻辑，从中华民族优秀传统文化和国外管理理论的协调观念中，寻找可以用于理解、丰富和完善协调发展理念的思想成果。

习近平总书记关于协调发展理念的论述充满辩证思想，我们在学习研究过程中必须运用全面、客观、整体的辩证思维，用联系的、发展的、创新的方法来加深对协调发展理念的认识，才能认真领会习近平总书记关于协调发展理念论述对事物发展规律的创新性探索，使协调发展理念成为开创工作新局面的思想利器。

第二节　深刻理解协调发展理念的时代背景、理论内涵和总体要求

习近平总书记关于协调发展理念的论述有着特定的历史背景和现实背景，理论内涵上进一步丰富了马克思主义经典作家的协调思想，并且着眼于我国"两个百年目标"的实践提出了新时代协调发展的新要求。党的十九大报告做出中国特色社会主义进入"新时代"的判断，社会主要矛盾已经转化为人民日益增长的美好生活需要和不平衡不充分的发展之间的矛盾。做出这一判断，是坚持辩证唯物主义和历史唯物主义的世界观和方法论、坚持党的实事求是思想路线的具体体现。这一判断也对我们的发展提出了新的要求，立足于社会主要矛盾的变化，我们必须紧扣发展第一要务，从原来的数量速度型发展转向质量效益型发展。能否协调各种资源要素和全社会的力量，形成合力，激发活力，将是我国未来发展的核心要求。

一　协调发展理念形成的时代背景

改革开放 40 年来，我国经济社会迅猛发展，已经进入由量变向质变

跨越的时期。这一时期，传统发展方式积累的各种矛盾在内外因素的交叠下逐步显露，要求我们更加注重发展中的协调，以新的协调理念指导发展。

近百年，中华民族在中国共产党的带领下，一步步从内忧外患的黑暗境地走向光明，步入中华民族复兴的重要窗口期。历史经验证明，中国共产党作为中华民族的领导核心，在每个重要的历史转折关头都必须以创造性的理念和思想带领各族人民战胜困难走向辉煌。正如习近平总书记在庆祝中国共产党成立 95 周年纪念大会上指出的："历史告诉我们，没有先进理论的指导，没有用先进理论武装起来的先进政党的领导，没有先进政党顺应历史潮流、勇担历史重任、敢于做出巨大牺牲，中国人民就无法打败压在自己头上的各种反动派，中华民族就无法改变被压迫、被奴役的命运，我们的国家就无法团结统一、在社会主义道路上走向繁荣富强。"①

面对中国经济发展进入新常态、世界经济发展进入转型期、世界科技发展酝酿新突破的发展格局，我们要坚持以经济建设为中心，就必须坚持以新发展理念引领党和国家各个领域的工作，适应和利用经济发展新常态，加快转变经济发展方式、推动经济更有效率、更有质量、更加公平、更可持续地发展，加快形成崇尚创新、注重协调、倡导绿色、厚植开放、推进共享的机制和环境，不断壮大我国经济实力和综合国力。

我国全面建成小康社会的目标日益接近，我国经济社会发展即将进入建设社会主义现代化强国的新阶段，正如习近平总书记指出的："必须认识到，我国社会主要矛盾的变化，没有改变我们对我国社会主义所处历史阶段的判断，我国仍处于并将长期处于社会主义初级阶段的基本国

---

① 习近平：《在庆祝中国共产党成立 95 周年纪念大会上的讲话（2016 年 7 月 1 日）》，《人民日报》2016 年 7 月 2 日，第 2 版。

情没有变，我国是世界最大发展中国家的国际地位没有变。"① 目前，我国的经济社会发展面临一系列新矛盾、新问题。例如，创新能力不强、自主技术和知名品牌缺乏，科技成果转化率、科技进步贡献率与发达国家仍有不小的差距；东、中、西部地区发展不平衡，东北地区发展缓慢；空气、水、土壤污染问题比较突出；对外贸易过程中仍存在与国际规则、市场准则不符的制度梗阻；公共服务和社会保障体系不够完善，均等化程度不高，社会管理和矛盾调处能力不足等。发展的不平衡不充分要求我们进一步增强发展的协调性，特别是必须坚持区域协同、城乡一体、物质文明与精神文明并重、经济建设与国防建设融合，在协调发展中拓宽发展空间，增强发展后劲，以不断增强发展的整体性。

二 关于协调发展理念的理论内涵

习近平总书记在《关于〈中共中央关于制定国民经济和社会发展第十三个五年规划的建议〉的说明》中指出："第四部分讲坚持协调发展、着力形成平衡发展结构，从推动区域协调发展、推动城乡协调发展、推动物质文明和精神文明协调发展、推动经济建设和国防建设融合发展4个方面展开。"② 这段话实际上是习近平总书记关于协调发展理念理论内涵的总体归纳，本书也是按照这一理论归纳去设计全书的研究和写作框架。

习近平总书记关于协调发展理念的论述主要包括以下方面。

第一，发展过程更加强调整体性。在改革中协调，在协调中发展，改革就是克服阻碍发展的不利因素，从整体协调的基础上实现发展。习近平总书记指出："我们要坚定不移推进改革开放，不断在制度建设和创

---

① 《习近平指出，中国特色社会主义进入新时代是我国发展新的历史方位》，新华网，http://www.xinhuanet.com./politics/2017-10/18/c_1121819978.htm，2017年10月18日。
② 习近平：《关于〈中共中央关于制定国民经济和社会发展第十三个五年规划的建议〉的说明》，《人民日报》2015年11月4日，第2版。

第一章　关于协调发展理念的基本内涵和理论基础

新方面迈出新步伐，不断促进生产关系和生产力、上层建筑和经济基础相适应，促进经济社会各个领域、各个方面、各个环节相协调。"① 改革开放创造了中华民族历史上未曾有过的增长奇迹，但区域发展失衡、城乡融合不足、物质文明和精神文明建设不同步、经济发展与国防建设未形成合力等问题依然存在。要解决上述问题，就要认真领会习近平总书记关于"办成一件事，需要协调；推进一项事业，需要协调；成就一番伟业，更需要协调"② 的精神，将协调发展增强发展整体性，作为全面建成小康社会的决胜之举。

第二，发展内容更加体现丰富性。随着新时代社会主要矛盾的转化，人民群众对美好生活的需要日益广泛，不仅对物质文化生活提出了更高要求，而且在民主、法治、公平、正义、安全、环境等方面的要求日益增长。习近平总书记在党的十九大报告中指出："我们要在继续推动发展的基础上，着力解决好发展不平衡不充分问题，大力提升发展质量和效益，更好满足人民在经济、政治、文化、社会、生态等方面日益增长的需要，更好推动人的全面发展、社会全面进步。"③ 新时代中国特色社会主义"四个全面"战略布局和"五位一体"总体布局，及其各个方面的工作部署，是紧密联系、相互贯通、相互作用的，新的实践要求将协调发展理念贯穿到经济、政治、文化、教育、民生、生态文明、国防和军队、"一国两制"和祖国统一、外交、党的建设等各方面工作中。

第三，发展标准更加突出结构优化。协调的目的是实现更好的发展，

---

① 习近平：《全面贯彻落实党的十八大精神　要突出抓好六个方面工作》，《求是》2013年第1期。
② 任理轩：《坚持协调发展（深入学习贯彻习近平同志系列重要讲话精神）》，《人民日报》2015年12月21日，第7版。
③ 习近平：《决胜全面建成小康社会　夺取新时代中国特色社会主义伟大胜利——在中国共产党第十九次全国代表大会上的报告（2017年10月18日）》，《人民日报》2017年10月28日，第2版。

我国的经济经过了较长时期的高速增长之后，已经转为中高速增长。正如习近平总书记指出的，我们认识到，为了从根本上解决经济的长远发展问题，必须坚定推动结构改革，宁可将增长速度降下来一些。任何一项事业，都需要远近兼顾、深谋远虑，杀鸡取卵、竭泽而渔式的发展是不会长久的。① 党的十九大报告明确提出了质量第一、效益优先的高质量发展标准。习近平总书记在参加十三届全国人大一次会议内蒙古代表团审议时，强调推动经济高质量发展，要把重点放在推动产业结构转型升级上，把实体经济做实、做强、做优。当前，全球正面临新一轮科技革命和产业变革，加快转变经济发展方式，积极推进产业结构、技术结构、区域城乡结构、社会治理结构的优化升级，这些复杂而紧迫的任务，需要协调发展理念作为行动指南。

第四，发展路径更加重视"两个统筹"。坚持改革开放，统筹兼顾国际国内两个市场、两种资源，是我国经济社会发展的基本路径。正如习近平总书记指出的，对于这个既充满希望又充满挑战的世界，"没有哪个国家能够独自应对人类面临的各种挑战，也没有哪个国家能够退回到自我封闭的孤岛"。② 中国坚定改革开放，把中国的发展转化为世界其他各国的发展机遇，"中国决不会以牺牲别国利益为代价来发展自己，也决不放弃自己的正当权益"③。协调推进"两个统筹"，构建全面开放新格局，是以更积极的开放态度，推进全球化发展，通过国际合作形成利益共同体的必由路径。

---

① 习近平：《共同维护和发展开放型世界经济——在二十国集团领导人峰会第一阶段会议上关于世界经济形势的发言》，《人民日报》2013年9月6日，第2版。
② 习近平：《决胜全面建成小康社会 夺取新时代中国特色社会主义伟大胜利——在中国共产党第十九次全国代表大会上的报告（2017年10月18日）》，《人民日报》2017年10月28日，第5版。
③ 习近平：《决胜全面建成小康社会 夺取新时代中国特色社会主义伟大胜利——在中国共产党第十九次全国代表大会上的报告（2017年10月18日）》，《人民日报》2017年10月28日，第5版。

第一章　关于协调发展理念的基本内涵和理论基础

第五，发展目标更加凸显人文关怀。发展的最终目标是为了人的全面发展。发展的一切是为了人民，人民对美好生活的需要更需要我们实现更为均衡和充分的发展。一切发展围绕人民的需要进行。习近平总书记指出，"波澜壮阔的中华民族发展史是中国人民书写的"，人民是历史的创造者；"把人民拥护不拥护、赞成不赞成、高兴不高兴、答应不答应作为衡量一切工作得失的根本标准"，人民是政绩的阅卷人；"让实现全体人民共同富裕在广大人民现实生活中更加充分地展示出来"①，人民是奋斗的出发点；每一个人都是新时代的见证者、开创者、建设者，人民是时代的动力之源。人文关怀贯彻于协调发展之中，才能使发展价值有所依归，才能真正体现发展的意义。

三　关于协调发展理念重要论述的总体要求

学习和贯彻落实习近平总书记关于协调发展理念的重要论述必须紧紧立足于中国国情，准确把握协调发展理念的总体要求。

（一）发展手段和发展目标的统一

协调既是发展的手段，又是发展的目标，是手段和目标的有机统一。习近平总书记认为，发展手段和发展目标相协调，"就是要善于把认识和化解矛盾作为打开工作局面的突破口"，②准确地判断出事物发展中的主要矛盾和次要矛盾，抓住主要矛盾。在处理复杂经济利益关系和各种社会矛盾中，领导方法和工作方法十分重要。方法对头，事半功倍，方法失当，事倍功半。③要准确判断当前事物发展中的主要症结所在，掌握相

---

① 习近平：《在第十三届全国人民代表大会第一次会议上的讲话（2018年3月20日）》，《人民日报》2018年3月21日，第2版。
② 《坚持运用辩证唯物主义世界观方法论　提高解决我国改革发展基本问题本领》，《人民日报》2015年1月25日，第1版。
③ 转引自赵长茂《不断提高领导艺术改进工作方法》，《学习时报》2014年5月26日。

关因素的内在关系,具有"牵牛鼻子"的本事,从整体出发,把握关键节点,协调好相关因素的互动,以协调为手段增强发展的可持续性。

(二) 发展标准与发展目的的统一

习近平总书记在省部级主要领导干部学习党的十八届五中全会精神专题研讨班上的讲话中指出,改革开放使我国创造了第二次世界大战结束后一个国家经济高速增长持续时间最长的奇迹,经济总量排名不断跃升。但随着经济总量不断增大,我们在发展中遇到了一系列的情况的问题。"经济发展面临结构调整节点,低端产业产能过剩要集中消化,中高端产业要加快发展,过去生产什么都赚钱、生产多少都能卖出去的情况不存在了。经济发展面临动力转换节点,低成本资源和要素投入形成的驱动力明显减弱,经济增长需要更多驱动力创新。"[①] 要把质量第一、效益优先作为发展的评判标准。因此,新时代要实现什么样的发展和怎样才能发展,都必须放在协调发展理念的视角下衡量。

(三) 发展短板和发展潜力的统一

发展是各种因素辩证统一的过程,不同的发展阶段,所受的制约各有不同。短板的存在是客观事实。"补短板"是习近平总书记关于协调发展论述的重要内容。因此,对待短板不能有畏惧情绪,要创造性地实现发展短板向发展潜力的转换。要准确把握好事物内在因素的主次差异,抓住主要矛盾,利用因素间的因果关系、依存关系和制约关系,促进因素间作用力的转换,使短板转化为发展潜力,实现新的更为有利和有效的均衡,实现效率变革和动力变革。

---

① 习近平:《在省部级主要领导干部学习贯彻党的十八届五中全会精神专题研讨班上的讲话(2016年1月18日)》,《人民日报》2016年5月10日,第2版。

第三节 国内外关于协调发展理念的演化

协调是人类发展的共同追求，也是人类力图追求的发展目标，不同的国家和民族的实践形成了各具特点的协调发展理念。这些协调发展理念的共通之处，就是都在探求人与人、人与自然和谐相处的一般规律。不论作为农耕文明代表的古代中国，还是后来成为工业文明代表的近代西方国家，均如此。马克思主义经典作家在汲取人类文明优秀成果的基础上，运用唯物辩证法深入研究决定和影响人类社会发展进程中的各种因素间的相互关系，提出了更具有科学性和指导性的协调发展思想。

一 中国传统文化中的协调发展理念

中国传统文化源自古代农耕社会中对自然界的规律认识和利用，以"和"为基本特征，强调人对自然的保护和利用，从而实现协调发展。再延伸到社会治理之中，突出以秩序为首的系列协调理念，以促进社会和谐有序发展，希望最终能够达致"大同世界"。

（一）天人合一的"和"

古代思想家视天地万物为一个有机联系的整体。和谐是中国传统文化的基本价值观，人与自然只有处于和谐关系，才能各展所长，各得其所，并生生不息。古人把这种天地万物和谐的状态称为"天人合一"，并从多层次进行阐述。首先是自然的"和"。《老子》说："万物负阴而抱阳，冲气以为和。"《中庸》则说，"中也者，天下之大本也；和也者，天下之达道也。致中和，天地位焉，万物育焉"。荀子说，"阴阳大化，风雨博施，万物各得其和以生，各得其养以成"。其次是对人在对自然利用基础上实现的人与自然的"和"。实现人与自然的"和"，要掌握好自然规律。老子最初提出"以辅万物之自然",① 人在掌握自然规律的基础上可以主动辅助自然,从而促使自然更加完善。子思进一步提出"能尽物之性,则可以赞天地之化育;可以赞天地之化育,则可以与天地参矣",② 即人对自然的辅助可以增强自然的"化育"能力,人与自然具有同等作用。那么人对自然的这种辅助是什么性质呢?荀子提出"天有其时,地有其财,人有其治,夫是之谓能参"。③ 子思强调人对自然的作用,荀子则认为应该实现人与自然的利益相结合,形成人与自然更深层次的融合。对应该如何"参",庄子认为应该"顺之以天理,行之以五德,应之以自然,然后调理四时,太和万物"④,利用对自然环境的调节与适时的人工管理等协调手段来处理人与自然的关系,以达到天地万物与人的和谐相处。当然,这种人的主动性必须有规律可循。孟子提出,"不违农时,谷不可胜食也;数罟不入洿池,鱼鳖不可胜食也;斧斤以时入山林,材木不可胜用也"。⑤

(二) 人与人的"和而不同"

孔子说,"君子和而不同,小人同而不和",⑥ 对于是否是君子,义利的判断成为其中的核心标准,孔子提倡"见利思义"⑦ 后,"重义轻利"成为儒家一直推崇的价值观。孔子的学生有若说,"礼之用,和为贵,先王之道斯为美"。⑧ 孟子说,"天时不如地利,地利不如人和。"⑨ 这一思想对于统治者具有重大的意义,儒家思想成为我国传统文化的主流,也

---

① 《道德经·六十四章》。
② 《中庸·二十二》。
③ 《荀子·天论》。
④ 《庄子·天运》。
⑤ 《孟子·梁惠王上》。
⑥ 《论语·子路》。
⑦ 《论语·宪问》。
⑧ 《论语·学而》。
⑨ 《孟子·公孙丑下》。

是因应他们的主张对社会管理具有积极的作用。世俗社会中义利取舍成为基本的道德观,管仲主张治国必须先富民,"仓廪实而知礼节,衣食足则知荣辱",① 孟子直言"王何必曰利?亦有仁义而已矣"②。执政者应怀仁义之心,社会就会和谐,相反,如果"上下交征利,而国危矣"。③ 义礼兼顾则是墨子所提倡的,他认为"义,利也","利人乎即为,不利人乎即止"。④ "义"为"利"的手段,但不能否认"义","义""利"必须相结合。荀子也有同样的思想,"义与利者,人之所两有也,虽尧舜不能去民之欲利,然而能使欲利不克其好义也",更是提出要以"义"赢"利"。

(三)国泰民安的"大同"社会

从人与自然的协调和谐,到人与人之间的协调和谐,再到社会的协调和谐,中国古代思想中对于社会建设的设想以"大同"社会为最高追求。儒家重要经典《礼记》中描绘了一个"小康"社会,"今大道既隐,天下为家,各亲其亲,各子其子,货力为己,大人世及以为礼,城郭沟池以为固,礼仪以为纪,以正君臣,以笃父子,以睦兄弟,以和夫妇,以设制度,以立田里,以贤勇知,以功为己。"在此基础上,孔子进一步设计了更为理想的"大同"社会。"大道之行也,天下为公。选贤与能,讲信修睦。故人不独亲其亲,不独子其子,使老有所终,壮有所用,幼有所长,鳏寡孤独废疾者皆有所养。男有分,女有归。货,恶其弃于地也,不必藏于己;力,恶其不出于身也,不必为己。是故闭而不兴,盗窃乱贼而不作。故外户而不闭,是谓大同。"⑤ 墨家主张"兼爱""尚同",建立一个"爱无差等"的社会。庄子则构想"至德""至治""同心""同

---

① 房玄龄注《管子》,上海古籍出版社,1989,第9页。
② 焦循:《孟子正义》(上),中华书局,1987,第36页。
③ 焦循:《孟子正义》(上),中华书局,1987,第37页。
④ 张宗磊:《论孔子、墨子义利观及现实意义》,《管子学刊》2002年第2期,第70页。
⑤ 《礼记·礼运》。

德"的平行自由社会。社会发展不可能均衡，现实中由于执政者与民争利，最终导致社会动荡，为此，太平天国的洪秀全设计了一个令广大农民心驰神往的"大同"社会，"凡天下田，天下人同耕，……有田同耕，有饭同食，有衣同穿，有钱同使，无处不均匀，无人不饱暖也"。①

中国古代对和谐的追求贯穿着协调发展的思想。协调的对象覆盖了人与自然、人与人、人与社会之间的关系，"天人合一""和而不同""大同社会"等思想，至今仍深深影响着中国人的生活，这一中国人独有的价值体系，也体现于新时代协调发展理念的提出和实践过程中。

二 国外管理理论中的协调发展理念

与中国古代的农业社会背景不同，国外管理理论中的协调发展理念更多源于近代工业的发展，从而更关注如何协调地配置有限资源，包括资本、劳动力、科技等资源，以提高资源配置的效率，实现经济运行和工业生产的持续稳定，获取更多的收益。因此，国外管理理论中的协调发展理念较多关注人与人、人与资源间的关系调整。这种协调理论进一步扩展到宏观管理领域，强调通过政府的治理和适度干预，构筑更为协调有序的经济秩序和社会秩序。

（一）工业生产中的协调

资本的本质就是获取利润，如何实现这一目标是国外管理理论中的研究核心。亚当·斯密指出："有了分工，同数劳动者就能完成比过去多得多的工作量。"② 同数劳动者能够完成工作，就要求在分工的基础上实现更好的协调，通过不同工序、不同工种之间的协作，形成更高效率的

---

① 赵靖易、易梦虹主编《中国近代经济思想资料选辑》（上），中华书局，1982，第269~270页。
② 〔英〕斯密：《国民财富的性质和原因的研究》（上），郭大力等译，商务印书馆，1972，第14页。

生产。因此，早期的西方企业管理理论的代表人物，如泰勒、法约尔等，都强调通过人与机器或人与人间的组织形式，以更协调的生产方式实现效率提升，达到增加利润的目标。泰勒说："科学管理的根本原理适用于人的一切行为——从我们最简单的个人行为到我们大公司的业务运行。"①不仅个别劳动者，整个企业都以协调的理念推进分工合作，从而"管理的主要目的应该是使雇主实现最大限度的富裕，也联系着使每个雇员实现最大限度的富裕"。②法约尔不仅提出了十四项管理原则，更强调了组织的重要性，在组织运行中指挥、协调和控制成为组织最为重要的三个要素。关于协调，"法约尔认为，协调是管理中的一个单独要素，意思就是'要使一家公司的活动协调一致，从而促进它的工作和加速它的成功'。"③

（二）政府管理中的协调

企业管理理论的不断完善，使这种管理理论和工具逐步引入社会的最重要管理组织——政府之中。基于企业管理所带来的结果，马克斯·韦伯认为成熟稳定有效的官僚组织是管理追求的目标，他指出："官僚体制的组织广泛传播的决定性的原因，向来是由于它的纯技术的优势超过其他的任何形式。"④马克斯·韦伯认为，"分部—分层、集权—统一、指挥—服从"为特征的官僚制在形式上已经成为最理性和最有效率的组织形式。

随着需要控制因素的不断增加，管理科学学派开始注重定量模型的研究和应用，以期实现管理的程序化和最优化。他们认为，管理就是利用数学模型和程序系统来表示管理的计划、组织、控制、决策等职能活

---

① 〔美〕泰勒：《科学管理原理》，胡隆昶等译，中国社会出版社，1984，第155页。
② 〔美〕泰勒：《科学管理原理》，胡隆昶等译，中国社会出版社，1984，第157页。
③ 〔美〕丹尼尔·A.雷恩：《管理思想的演变》，赵睿等译，中国社会科学出版社，2000，第251页。
④ 〔德〕马克斯·韦伯：《经济与社会》（下卷），林荣远译，商务印书馆，1997，第296页。

动的合乎逻辑的过程,对此做出最优的解答,以达到管理的目标。这里,协调成为重要的因素,只有把各个活动环节加以协整,形成有序体系,才能实现有效管理。此时,借用私营部门的管理理论、管理模式、管理原则、管理方法和技术,包括录用私营部门的管理人员来"重塑政府",是提高政府工作效率和管理水平的根本途径。① 随着工业化推进,技术不断进步,协调能力不断提升,贝尔认为,技术已经为合理性创造了一个新定义,一种新的思想方式,它强调功能关系和数理。它的行动标准是效率和最佳标准,即利用最便宜和最省力的资源。②

相比之下,国外管理理论中对协调定义的内涵并没有过多的专门研究,但在整体的管理过程中都贯穿着协调发展理念,无论是企业管理,还是政府管理,都强调通过协调配置各种资源要素,实现系统整体运行效率的提升。

三 马克思主义经典作家关于协调发展理念的阐述

马克思主义经典作家在协调发展理念上,强调遵循人类社会发展规律和经济规律,注重发挥人的主观能动性,以实现人的全面发展。习近平总书记在论及"着力增强发展的整体性协调性"时指出:"'有上则有下,有此则有彼。'唯物辩证法认为,事物是普遍联系的,事物及事物各要素相互影响、相互制约,整个世界是相互联系的整体,也是相互作用的系统。坚持唯物辩证法,就要从客观事物的内在联系去把握事物,去认识问题、处理问题。马克思主义经典作家十分重视并善于运用唯物辩证法来认识和探索人类社会发展中的矛盾运动规律。"③

---

① 周志忍:《当代国外行政改革比较研究》,国家行政学院出版社,1999,第27页。
② 〔美〕贝尔:《后工业社会的来临》,高铦等译,新华出版社,1997,第208页。
③ 习近平:《在省部级主要领导干部学习贯彻党的十八届五中全会精神专题研讨班上的讲话(2016年1月18日)》,《人民日报》2016年5月10日,第2版。

第一章　关于协调发展理念的基本内涵和理论基础

（一）在认识和遵循客观规律的基础上促进协调发展

发展是世界的主题，发展过程中，马克思、恩格斯认为"绝对的静止、无条件的平衡是不存在的"①，不能刻意地追求这种"平衡"，只能以协调状态的相对平衡作为努力的方向。劳动是人类发展的最重要手段，在人类通过劳动对自然界发生作用的过程中，要注意人与自然的相互依存关系，人类并非万能，"人在生产中只能象自然本身那样发挥作用，就是说，只能改变物质的形态。不仅如此，他在这种改变形态的劳动中还要经常依靠自然力的帮助"，② 如果人类认为可以征服自然，那么带来的后果将不可估量。恩格斯提醒人们不要陶醉于征服自然界的胜利，实际上在赢得这样的胜利的同时也都受到了自然界的报复。"每一次胜利，在第一步都确实取得了我们预期的结果，但是在第二步和第三步却有了完全不同的、出乎预料的影响，常常把第一个结果又取消了。"③ 因此，只有认识自然规律和遵循自然规律，人才能获得真正的发展。

人与自然的协调通过劳动关系体现。劳动是联系人类与自然界最主要的途径，这一过程更直接反映出人与自然的互动，"劳动首先是人和自然之间的过程，是人以自身的活动来引起、调整和控制人和自然之间的物质变换的过程"，④ 人类通过对自然的劳动获得生存发展所需的物质。在这个过程中，人与自然界这种互动并非是平衡进行的，因为"而整个伟大的发展过程是在相互作用的形式中进行的（虽然相互作用的力量很不相等）"，⑤ 但一直通过协调的形式实现两者的共同发展。通过劳动，实现人与自然的有机结合，"它把整个自然界——首先作为人的直接的生活

---

① 《马克思恩格斯选集》（第3卷），人民出版社，1995，第402页。
② 《马克思恩格斯全集》（第23卷），人民出版社，1972，第56~57页。
③ 《马克思恩格斯选集》（第20卷），人民出版社，1971，第519页。
④ 《马克思恩格斯全集》（第23卷），人民出版社，1972，第201~202页。
⑤ 《马克思恩格斯选集》（第4卷），人民出版社，1995，第705页。

资料，其次作为人的生命活动的对象（材料）和工具——变成人的无机的身体"，① 人与自然界的协调发展最后是实现人与自然的融合相生。

（二）追求人的全面发展是发展的最高目标

人不仅要与自然发生关系，人与人之间也要发生关系，人在劳动过程中，也因为利益关系而联结在一起。因此，社会全面协调发展，不仅指人与自然的互动与协调发展，还包括人与人的社会关系的全面和谐发展。"人的本质不是单个人所固有的抽象物，在其现实性上，它是一切社会关系的总和。"② 人与人之间形成生产关系，出于不同利益追求，这种生产关系分化为阶级，阶级社会的发展并非一成不变。在社会发展的过程中，"生产力在其中发展的那些关系，并不是永恒的规律，而是同人们及其生产力的一定发展相适应的东西"，③ 生产力这一具有决定性因素的变化过程中，对平衡状态将提出更多的挑战。"但是不同生产领域的这种保持平衡的经常趋势，只不过是对这种平衡经常遭到破坏的一种反作用。"④ 无论如何，对利益的追求是人类的共同特征，"人们奋斗所争取的一切，都同他们的利益有关"。⑤ 这种利益不仅包括经济利益，更包括文化等的需要，只有把人类的发展与利益获取达到一致，才能真正调动起人类的积极性。

人的发展是渐进的发展。人自身具有追求利益的本能，在这种本能的推动下，无论是在人对自然的不断认识，还是人类社会结构的不断演进，都提出了人要在不断追求中提升自身发展能力的要求，"即不以旧有的尺度来衡量的人类全部力量的全面发展成为目的本身。在这里，人不

---

① 《马克思恩格斯选集》（第1卷），人民出版社，2012，第55页。
② 《马克思恩格斯选集》（第1卷），人民出版社，2012，第139页。
③ 《马克思恩格斯选集》（第1卷），人民出版社，1995，第152页。
④ 《马克思恩格斯选集》（第23卷），人民出版社，1972，第394页。
⑤ 《马克思恩格斯全集》（第1卷），人民出版社，1956，第82页。

是在某一种规定性上再生产自己，而是生产出他的全面性"。① 正是一种这样的目标，人就需要更为全面地发展自己，以期在推动社会发展中形成人与人、人与自然、人与社会更为和谐协调的关系。恩格斯提出："我们预见到小农必然灭亡，但是我们无论如何不要以自己的干预去加速其灭亡。"② 表明了对社会发展中遵循规律保持相对稳定的发展是有利的，列宁在国家建立政权后面临1917年的严重饥荒时，"甚至对大多数资本家，无产阶级不仅不打算把他们'剥光'，……而且相反，打算让资本家在工人亲自监督下去做有益的和光荣的事情"。③ 无产阶级要承担起建设世界的责任，对每个人来讲"任何人的职责、使命、任务就是全面地发展自己的一切能力。"④ "人以一种全面的方式，也就是说，作为一个完整的人，占有自己的全面的本质"。⑤ 人不仅获得了与自然界相处的能力，在人与人的利益交往中得以发展，更要在全社会发展的基础上实现人的个性满足，实现人与社会的共同发展。

（三）和谐社会的追求

和谐社会的概念在马克思主义形成史上最早是由空想社会主义者提出并实践，马克思和恩格斯在他们的理论和实践基础上，以科学的世界观和方法论批判性地分析资本主义社会，揭示了社会的本质、发展动力和发展规律，得出和谐社会是对资本主义社会的扬弃，并且论证了实现社会主义和谐社会的历史必然性，预示了未来社会和谐发展的基本特征，即人的自由而全面发展，指出了实现社会和谐的基本条件，即和谐社会首先是以生产力的巨大增长和高度发展为前提的。马克思主义和谐社会

---

① 《马克思恩格斯全集》（第46卷上），人民出版社，1979，第486页。
② 《马克思恩格斯选集》（第4卷），人民出版社，1995，第498页。
③ 《列宁全集》（第30卷），人民出版社，1985，第108页。
④ 《马克思恩格斯全集》（第3卷），人民出版社，1960，第330页。
⑤ 《马克思恩格斯全集》（第42卷），人民出版社，1979，第123页。

观的本质在于生产关系的和谐，只有生产关系和生产力相适应，经济基础和上层建筑相适应，社会各方面全面协调发展，才能实现人的自由全面发展。唯物辩证法揭示社会系统内各种要素之间的普遍联系、对立统一和相互转化的规律，阐明了社会结构、人与社会、自然以及人自身的辩证关系。在马克思主义经典作家看来，人的自由全面发展的实现，就是人自身的和谐发展。人彻底从物的支配中解放出来，成为全面发展和全面解放的人，具有丰富的知识、全面的才能、利他主义行为，"别人的感觉和享受也成了我自己的占有"。①

第四节　中国共产党在长期实践中形成的关于协调发展的理念和实践

中国共产党是马克思主义政党，也是一个成熟的执政党，在革命、建设和改革的实践中，中国共产党人系统地继承和发展了马克思主义的协调发展理念。中国共产党长期实践中形成的关于协调发展的理念和战略，已经成为毛泽东思想、中国特色社会主义理论的重要组成部分。

一　毛泽东同志关于协调发展的理念和实践

毛泽东思想是马克思主义中国化最早和最为系统的论述。无论是在新民主主义革命时期还是社会主义建设的探索时期，国家的独立、进步和发展，都是在毛泽东思想的指导下取得的。毛泽东思想中关于协调发展的理念和实践，是我们协调推进党和国家各项工作的行动指南。

毛泽东同志紧紧抓住"矛盾"这一推动事物发展的基本因素，用矛盾的辩证眼光看待事物的发展。对事物发展的基本判断，以及采用正确

---

① 《马克思恩格斯全集》（第42卷），人民出版社，1979，第125页。

第一章 关于协调发展理念的基本内涵和理论基础

的思维方法，是解决发展的核心所在。毛泽东同志在《关于正确处理人民内部矛盾的问题》中提出："矛盾着的对立面又统一，又斗争，由此推动事物的运动和变化。"① 只有抓住了"矛盾"的焦点所在，才能找到解决问题的关键。毛泽东同志于1937年发表《矛盾论》强调："这个辩证法的宇宙观，主要地就是教导人们要善于去观察和分析各种事物的矛盾的运动，并根据这种分析，指出解决矛盾的方法。"②"矛盾分析方法的实质在于：观察问题的时候，要在对立中把握统一，在统一中把握对立，在对立而统一中认识和把握它的每个方面。"③ 这种方法就是必须坚定不移地坚持"重点论"和"两点论"这两条重要原则，掌握哲学中的矛盾分析方法，分析矛盾的本质属性，处理好矛盾与其他事物的关系。矛盾的发展要求解决矛盾，只有矛盾的解决才能通过改造体系把整个体系提高到崭新的水平上。正是立足于这种辩证思维，毛泽东思想中的协调发展首先强调的是对"矛盾"的正确分析和把握，也提出了协调所要达到的目标，通过集中资源攻克主要矛盾，解决重点问题，进而实现更高水平的协调。这一方法无论是在革命战争时期，还是后来的社会主义事业建设时期，都得到了广泛运用。

围绕工作重心推进协调发展，是我们党在社会主义建设中必须坚持的重要原则。1956年社会主义改造完成后，针对我国社会发展进程中存在的诸多矛盾与不协调因素，毛泽东在《论十大关系》和《关于正确处理人民内部的矛盾问题》等文章中，全面阐述了国民经济协调发展的理念。毛泽东科学分析了重工业和轻工业、农业的关系，沿海工业和内地工业的关系，经济建设和国防建设的关系。明确指出，"世界是由矛盾组成的。没有矛盾就没有世界。我们的任务，是要正确处理这些矛盾"。④

---

① 《毛泽东文选》（第7卷），人民出版社，1999，第213页。
② 《毛泽东选集》（第1卷），人民出版社，1991，第304页。
③ 张继英：《如何理解和运用矛盾分析方法》，《平顶山学院学报》2000年第1期，第96页。
④ 《毛泽东文选》（第7卷），人民出版社，1999，第44页。

将正确处理这些矛盾作为实现未来发展的关键所在。

毛泽东认为,这十大关系"都是围绕着一个基本方针,就是要把国内外一切积极因素调动起来,为社会主义事业服务"。① 在具体的实践中必须处理好重点与次要的关系,在向重点倾斜的同时,必须实现协调发展,毛泽东同志指出:"我国是一个大农业国,农村人口占全国人口的百分之八十以上,发展工业必须和发展农业同时并举"②。1957 年 10 月,在中国共产党八届三中全会上毛泽东同志再次指出,"当然,以重工业为中心,优先发展重工业,这一条毫无问题,毫不动摇。但是在这个条件下,必须实行工业与农业同时并举,逐步建立现代化的工业和现代化的农业。过去我们经常讲把我国建成一个工业国,其实也包括了农业的现代化。"③

"引导人们认识社会主义社会中的矛盾,并且懂得采取正确的方法处理这种矛盾。"④ 这是毛泽东思想的方法论,只有建立起这种工作方法,才能真正把协调理念落到实处。

二 邓小平同志关于协调发展的理念和实践

邓小平同志对什么是社会主义、怎样建设社会主义的一系列论述,都贯穿着协调发展的辩证理念。正如邓小平同志指出的,"现代化建设的任务是多方面的,各个方面需要综合平衡,不能单打一"。⑤

在 1978 年 12 月 13 日的中共中央工作会议上,邓小平同志提出:"我认为要允许一部分地区、一部分企业、一部分工人农民,由于辛勤努力成绩大而收入先多一些,生活先好起来。一部分人生活先好起来,就必

---

① 《毛泽东文集》(第 7 卷),人民出版社,1999,第 23 页。
② 《毛泽东文集》(第 7 卷)人民出版社,1999,第 241 页。
③ 《毛泽东文集》(第 7 卷),人民出版社,1999,第 310 页。
④ 《毛泽东文集》(第 7 卷),人民出版社,1999,第 213 页。
⑤ 《邓小平文选》(第 2 卷),人民出版社,1994,第 250 页。

然产生极大的示范力量,影响左邻右舍,带动其他地区、其他单位的人们向他们学习。这样,就会使整个国民经济不断地波浪式地向前发展,使全国各族人民都能比较快地富裕起来。"① 邓小平同志认为,中国的发展应是"波浪式"和"隔几年上一个新台阶"的,通过"点"的突破,带动"面"的发展,在协调的基础上持续发展,因为"社会主义的目的就是要全国人民共同富裕,不是两极分化"。②

协调处理好改革、发展、稳定的关系,也是邓小平理论的重要观点。1992年邓小平同志在南方谈话中强调:"从根本上说,手头东西多了,我们在处理各种矛盾和问题时就立于主动地位。对于我们这样发展中的大国来说,经济要发展得快一点,不可能总是那么平平静静、稳稳当当。要注意经济稳定、协调地发展,但稳定和协调也是相对的,不是绝对的。发展才是硬道理。这个问题要搞清楚。"③

邓小平同志一直鼓励实行非均衡式的发展,围绕经济发展这一中心,既要鼓励敢闯敢冒敢于探索,敢于在改革开放上有新的突破,又要稳步向前。因此,在速度和质量的选择上,邓小平同志提出"我国的经济发展,总要力争隔几年上一个台阶。当然,不是鼓励不切实际的高速度,还是要扎扎实实,讲求效益,稳步协调地发展。"④ 协调好速度与效益的关系是邓小平理论中的重要观点。

关于在改革开放和建设社会主义市场经济体制过程中,正确处理好地区协调、城乡协调、人口协调等空间资源配置关系,在邓小平理论中也有很多论述。邓小平同志曾经提出"可以由沿海一个省包内地一个省或两个省,也不要一下子负担太重,开始时可以做某些技术转让"。⑤ 努

---

① 《邓小平文选》(第2卷),人民出版社,1994,第152页。
② 《邓小平文选》(第3卷),人民出版社,1993,第110~111页。
③ 《邓小平文选》(第3卷),人民出版社,1993,第377页。
④ 《邓小平文选》(第3卷),人民出版社,1993,第375页。
⑤ 《邓小平文选》(第3卷),人民出版社,1993,第364页。

力让沿海地区先发展起来是实现全国和地区协调发展的前提，1978年以后，全国的改革开放就是先从东南沿海设立经济特区开始的，此后又开放14个沿海城市设立经济技术开发区，再到沿江沿边全面开放，西部大开发，东北振兴和中部崛起，逐步形成了我国区域协调发展的大格局。

三　江泽民同志关于协调发展的理念和实践

20世纪90年代，在我国经济高速增长的同时，新的矛盾也逐渐浮现。要实现我国经济社会事业持续、稳定、快速发展，必须在更大范围和更高层次上实施协调。1995年，在《正确处理社会主义现代化建设中的若干重大关系》的讲话中，江泽民同志深入系统地分析了我国现代化发展的十二组关系，深入诠释了区域间、产业间、多种经济成分间的对立统一关系，指出"我们要善于统观全局，精心谋划，……做到相互协调、相互促进"。[①]

在中国特色社会主义进入21世纪的关键时刻，江泽民同志提出了"我们党要始终代表中国先进生产力的发展要求、中国先进文化的前进方向、中国最广大人民的根本利益"的重要思想，初步回答了"我们要建设一个什么样的党"和"怎样建设党"这个问题，成为我们党跨越世纪之交在新时期确定党的建设的目标、原则，协调推进党的思想建设、组织建设、作风建设和反腐倡廉工作的指导思想。

随着经济发展对科学技术的依赖度不断增强，江泽民同志指出："科学技术进步应该服务于全人类，服务于世界和平、发展与进步的崇高事业。"[②] 一方面，我国通过大力引进国外先进技术促进了经济发展，另一方面也意识到未来的竞争一定是科技的竞争，只有掌握了先进科技，才

---

① 《江泽民文选》（第1卷），人民出版社，2006，第461页。
② 江泽民：《科学的本质就是创新》，载《江泽民文选》（第3卷），人民出版社，2006，第104页。

能立于不败之地。进入 21 世纪以后国家更加关注科技研发和科技人才培养，不断加大对科技、教育领域的投入，国家的科技实力和综合竞争力迅速提升。

江泽民同志指出："在现代化建设中，必须把实现可持续发展作为一个重大战略。要把控制人口、节约资源、保护环境放到重要位置，使人口增长与社会生产力发展相适应，使经济建设与资源、环境相协调，实现良性循环。"① 人口控制、资源节约、环境保护等相关因素的协调，对于我国未来发展的可持续性具有决定性的作用。江泽民同志在谈到鼓励和促进消费时指出："消费结构要合理，消费方式要有利于环境与资源保护，决不能搞脱离生产力发展水平、浪费资源的高消费。"② 因此，注重经济发展、消费结构、资源环境间的协调，是"三个代表"重要思想的重要内容。

四　胡锦涛关于协调发展的理念和实践

经济发展的不断推进，对协调的要求不断提升，统筹兼顾成为我国经济社会发展更为迫切的课题。在党的十六届三中全会上，中央提出了"以人为本的、全面协调可持续的科学发展观"，提出了"五个统筹"的协调发展目标。党的十七大报告对科学发展观的含义进行了完整的表述，指出科学发展观的第一要义是发展，核心是以人为本，基本要求是全面协调可持续，根本方法是统筹兼顾。党的十七大报告明确说明了科学发展观和协调发展理念的相互依存关系，对科学发展必须坚持全面协调可持续发展。要按照中国特色社会主义事业总体布局，全面推进经济建设、政治建设、文化建设、社会建设，促进现代化建设各个环节、各个方面相协调，促进生产关系与生产力、上层建筑与经济基础相协调。坚持生

---

① 《江泽民文选》（第 1 卷），人民出版社，2006，第 463 页。
② 《江泽民论有中国特色社会主义》（专题摘编），中央文献出版社，2002，第 280 页。

产发展、生活富裕、生态良好的文明发展道路，建设资源节约型、环境友好型社会，实现速度和结构质量效益相统一、经济发展与人口资源环境相协调，使人民在良好生态环境中生产生活，实现经济社会永续发展。

党的十七大开启了我国科学发展的征程。胡锦涛同志在党的十七大报告中指出，树立和落实科学发展观，必须始终坚持以经济建设为中心，聚精会神搞建设，一心一意谋发展。根据科学发展观的要求，国家编制和实施主体功能区规划，立足于全国布局，从各地自然环境条件出发，描绘全国区域分工的主体框架。明确了不同区域在经济社会发展中承担的功能，促进各省市、各地区连接，成为优势分工协调发展的区域大格局。

统筹兼顾国际国内两个市场、用好国外国内两种资源，是我国坚持以开放促发展、促改革的必然选择。进入 21 世纪后，我国加入了世界贸易组织，进一步敞开了对外开放的大门，形成"引进来"与"走出去"共同推进的新格局。"按照统筹城乡发展、统筹区域发展、统筹经济社会发展、统筹人与自然和谐发展、统筹国内发展和对外开放的要求，更大程度地发挥市场在资源配置中的基础性作用，增强企业活力和竞争力，健全国家宏观调控，完善政府社会管理和公共服务职能，为全面建设小康社会提供强有力的体制保障。"[①] 对这一新的发展态势，我们必须更加珍惜并好好利用。

胡锦涛同志特别强调："可持续发展战略事关中华民族的长远发展，事关子孙后代的福祉，具有全局性、根本性、长期性。实施可持续发展战略，促进人与自然的和谐，实现经济发展和人口、资源、环境相协调，坚持走生产发展、生活富裕、生态良好的文明发展道路，这既是全面建

[①] 中共中央文献研究室编《十六大以来重要文献选编》（上），中央文献出版社，2005，第465页。

设小康社会的必然要求,也是贯彻落实科学发展观的重要实践。"① 而"严峻的环境形势迫切要求转变经济增长方式,这是解决环境与发展矛盾的治本之策"。② 因此,必须加快调整不合理的经济结构,彻底转变粗放型的经济增长方式,使经济增长建立在提高人口素质、高效利用资源、减少环境污染、注重质量效益的基础上。

---

① 中共中央文献研究室编《十六大以来重要文献选编》(中),中央文献出版社,2006,第69~70页。
② 中共中央文献研究室编《十六大以来重要文献选编》(中),中央文献出版社,2006,第823页。

第二章 关于区域协调发展的重要论述和实践

党的十九大报告指出,中国特色社会主义已经进入了新时代,我国社会主要矛盾表现为人民日益增长的美好生活需要与不平衡不充分发展之间的矛盾。区域发展不平衡是新时代社会主要矛盾的一个重要表现,习近平总书记站在新的历史方位上,从更加宽广的视野、更加多元的维度出发来审视我国的区域发展问题,提出了新的关于区域协调发展的理念与战略。习近平关于区域协调发展的重要论述是新时代推进我国区域协调发展的指导方针和根本遵循,具有重大的时代价值与实践意义。

第一节 区域协调发展重要论述的内涵与意义

习近平总书记站在全国发展大局的高度,以新发展理念为指引,指出区域协调发展不仅要缩小地区间的经济差距,更要促进不同区域在经济发展、公共服务、生态环境等多个维度上的全面协调发展,并最终体现为不同区域间人民生活幸福程度的趋同。这一新的区域协调发展理念具有重大的理论价值和时代意义,是新时代我国推进区域协调发展的行动指南。

一　传统经济理论关于区域协调发展内涵的认识

对区域协调发展讨论较多的是发展经济学文献，传统发展经济学理论主要从狭义的经济视角来理解区域协调发展的内涵，通常将区域协调界定为区域经济协调发展，即不同区域在经济增长上的趋同与经济差距的缩小。其理论逻辑为，在资本边际报酬率递减及各地区技术进步一致的假设条件下，欠发达地区通常拥有比发达地区更高的经济增长率，因而随着时间的推移，落后地区与发达地区的经济差距将会逐渐缩小，形成区域间经济发展的收敛态势。新古典经济学认为，在市场机制作用下，区域间自由的商品流动与要素流动将自动实现区域经济发展收敛。

1996年，《中华人民共和国国民经济和社会发展"九五"计划和2010年远景目标纲要》提出，要把坚持区域经济协调发展，逐步缩小地区发展差距作为一项基本指导方针。从"九五"计划开始，逐步加大中、西部地区发展力度，促进区域协调发展。1998年，由国家税务总局和中国社会科学院联合组成的区域税收政策课题组认为，区域协调发展就是指各地区人均实际GNP在时间序列中有所增长，特别是中西部落后地区应该实现更快的经济增长。这种区域协调发展理念一直以来被绝大多数研究我国区域经济的文献采用，并作为一种政策意图体现在不少区域发展政策里，即我国区域协调发展的关键在于通过推进工业化和城镇化使欠发达地区经济增长加快，从而缩小与发达地区的经济差距。

理论上讲，上述区域经济协调发展还可以细分为两种不同发展内涵，不同的协调发展内涵体现了不同的政策价值取向，也具有不同的区域福利影响。不少文献在讨论区域经济协调发展时强调地区间经济总量（GDP）的协调，即地理面积和人口规模相似的地区要在GDP总量上趋向收敛。其基本逻辑是欠发达地区主要从事初级产品生产，农业部门的生产效率较低，在工业化过程中的资本边际报酬较高，经济增速也更高，因而随着时间的推移，欠发达地区在经济总量上会逐渐缩小与发达地区之间的差距。这种协调发展内涵强调的是不同区域在投资开发规模上要实现趋同，而为了达到这一目标，中央和地方政府通常会采取各种优惠政策措施吸引和推动资本向欠发达地区流动，欠发达地区通过承接外部产业转移加快工业化进程，从而实现较快的经济增长。这种发展思路是基于传统的新古典增长理论做出的，已不符合新时代经济发展的现实，如果在实践中仍然坚持这种总量协调发展思路，要么会导致区域协调发展的目标难以实现，要么会导致经济发展与资源、环境和人口脱节，引发更多的"失衡"问题。其基本原因有二：一是在经济发展越来越依赖高端人力资本和技术要素的今天，创新和技术进步日益重要，规模报酬不变甚至递增都是有可能的。由于集中了更多的创新资源，发达地区创新活动更为活跃，因而可能在长期内保持更快的增长率，因此，从长期来看区域经济增长可能并不会趋同。如果政府一味以地区经济总量趋同为目标强行加以干预，推动资本向欠发达地区流动，则一方面政策目标可能难以实现，另一方面也会降低区域经济发展的总体效率。二是不同地区具有不同的要素禀赋结构，因而具有不同的产业发展比较优势，而比较优势差异是地区间专业化分工的基础。虽然随着科学技术的发展，特别是信息技术和高速运输设施与工具的普及，区域间要素流动的成本已大大降低，要素禀赋结构对经济发展的影响与过去相比已有所降低。但是仍然有一些要素是高度本地化的，是难以移动的，而源自不可移动的高度本地化要素所形成的比较优势差异仍是决定地区经济活动类型与效率的重要力量。因此，不同地区必然有不同的优势主导产业，而不同产业在技术进步前沿所处的位置不同，生产效率和市场成长性存在较大差异，从而导致不同地区经济增长水平的差异。比如，农业部门的增长率通常要慢于工业部门，而传统工业部门的增长率又要慢于新兴工业部门，因此，专业化于不同产业部门的区域之间的发展差距在很大程度上源自本地化要素结构差异，可能是一种"合理"的差距。这可能既没有必要，也没有可能通过政策干预加以消除。

同时，另一些研究强调地区间人均GDP或人均GNI的协调，即不同地区在人均收入水平上的趋同。这种协调发展思路不再追求地区间经济总量趋同，而是着眼于地区间人均收入水平的趋同。这相较于第一种协调发展标准更具有合理性，其原因在于：第一，欠发达地区通常会存在大量的隐性失业和过剩的劳动力，这往往意味着劳动力的边际产出率低下，工资水平较低。在要素可以自由流动的条件下，欠发达地区的劳动力会因为追求更好的就业机会和更高的收入而流向发达地区。随着欠发达地区劳动力大量流出，欠发达地区人口基数减少，劳动力边际产出率上升，工资水平随之上涨。在这种情况下，虽然欠发达地区经济总量与发达地区仍然存在较大差距，但是欠发达地区人均GDP与发达地区之间的差距可能已经明显缩小。第二，人均GNI包含了地区间要素净收入转移，由于欠发达地区有大量的劳动力流出，这些数量庞大的流动人口在发达地区就业会给欠发达地区带来数量不菲的转移收入，这会提高欠发达地区的GNP，并缩小与发达地区的GNP差距。这种发展思路不再一味地追求辖区内GDP总量的扩张，而将人均GDP或人均GNI的增加作为主要的政策目标。相应的，有关政策思路也不再一味地强调本地投资规模扩张和经济开发水平的提高，而是着眼于推动区域市场的一体化，通过消除各种区域市场壁垒促进要素跨地区自由流动。这种旨在促进要素自由流动的政策思路有着较强的效率改进意义，一方面要素的充分自由流动有助于发达地区的经济集聚，集聚效应可以得到更为充分的发挥；另一方面要素流动也使欠发达地区获得大量的转移收入，有助于提升其市场需求水平和资本形成能力，从而强化了欠发达地区的内生发展能力。

二 区域协调发展重要论述的内涵

2015年10月29日，习近平总书记在党的十八届五中全会第二次全体会议上谈到全面建成小康社会重点难点问题时指出，"全面小康，覆盖的区域要全面，是城乡区域共同的小康"，①"我们说的缩小城乡区域发展差距，不能仅仅看作是缩小国内生产总值总量和增长速度的差距，而应该是缩小居民收入水平、基础设施通达水平、基本公共服务均等化水平、人民生活水平等方面的差距"。② 从这段话可以认识到，习近平总书记强调的区域协调发展内涵已远远超出了传统经济学的概念范畴。如果要用经济学术语来理解习总书记所说的区域协调发展内涵，我们可以将其概括为区域间居民真实福利水平的趋同，即不同地区人们生活幸福程度的趋同。居民真实福利水平不仅与各地区人均名义收入水平有关，也与各地区土地、房屋、公共服务和生态环境等非贸易品价格有关，我们可以将其简单地表示为本地区人均名义收入与非贸易品价格之间的比值，这个比值越大，人们的幸福程度越高，反之，人们的幸福程度越低。对此，习近平总书记也有十分深刻的论述："对城乡地区收入差距，也要全面认识。城乡区域之间生活成本特别是居住成本很不一样，光看收入也不能准确反映问题。"③

经过多年来的努力，我国区域之间的经济差距已大大缓解，各种区域政策工具也发挥了巨大的作用。但是在传统发展思路下的诸多区域政策工具在实施过程中存在"见物不见人"的问题，各地纷纷相互复制产业园区建设、房地产开发和城市扩张等粗放的经济发展方式，落后地区虽然通过工业化与城市化实现了经济加速增长，名义收入水平获得了提

---

① 《习近平谈治国理政》（第二卷），外文出版社，2017，第81页。
② 《习近平谈治国理政》（第二卷），外文出版社，2017，第81页。
③ 《习近平谈治国理政》（第二卷），外文出版社，2017，第81页。

高，但人们的真实福利水平并未获得相应的提升。其原因在于，伴随着经济的增长，各地区土地、房屋等价格上升也很快。这不仅导致企业成本提高，对经济可持续发展造成很大冲击，也导致人们生活成本迅速上升。同时，过于强调经济总量与增长速度趋同的政策思路相对忽视了基本公共服务和生态环保等区域公共产品的协调供给，导致区域公共产品供给严重滞后于经济发展，人们要想享受高质量的公共产品必须付出较高的成本。因此，在区域经济规模扩张的同时，本地非贸易品价格上升也很快，导致人们的真实福利水平并未同步上升。针对上述区域发展思路的弊端，2017年6月23日习近平总书记在深度贫困地区脱贫攻坚座谈会上的谈话中深刻地阐述了贫困地区应该采取的区域发展思路，他说："要防止以区域发展之名上项目、要资金，导致区域经济增长了、社会服务水平提高了，贫富差距反而拉大了。"[1] "深度贫困地区要改善经济发展方式，重点发展贫困人口能够受益的产业。如特色农业、劳动密集型的加工业和服务业等。交通建设项目要尽量做到向进村入户倾斜，水利工程项目要向贫困村和小型农业生产倾斜，生态保护项目要提高贫困人口参与度和受益水平，新型农村合作医疗和大病保险制度要对贫困人口实行政策倾斜，等等。"[2]

习近平总书记在党的十九大报告中郑重地向全世界宣示了我国已进入社会主义发展的新时代，在新时代我国社会主要矛盾已经转化为人民日益增长的美好生活需要和不平衡不充分发展之间的矛盾。人民美好生活需要日益广泛，不仅对物质文化生活提出了更高要求，而且对民主、法治、公平、正义、安全、环境等方面的要求日益增长。新时代我国区域协调发展也应紧紧围绕这一社会主要矛盾的变化，致力于满足人民群

---

[1] 《习近平：在深度贫困地区脱贫攻坚座谈会上的讲话》，新华网，http://www.xinhuanet.com/politics/2017-08/31/C_1121580205.htm，2017年8月31日。

[2] 同[1]。

众日益增长的美好生活需要。因此，新时代要求我们必须转变区域协调发展理念，应从传统的只注重经济维度的协调发展向多维度全面协调发展转变，即从以往着眼于地区间经济总量和人均收入水平趋同向强调人们真实福利水平趋同转变。习近平总书记关于区域协调发展的重要论述正是顺应这样的新时代要求提出来的，其核心含义为不同地区人们的幸福程度要大致相同，进入新时代，不同地区的人们都应获得持续增长的经济收入，享受更好的公共服务和更美的人居环境。

这种新的协调发展理念意味着区域协调发展政策也要进行相应的转变，未来我们不仅要加大区域一体化政策实施力度，提高区域总体经济发展效率，也要致力于地区间公共产品的联合供给，包括科教文卫事业的协调发展和生态环境的联合保护等。因此，在习近平总书记关于区域协调发展理念指引下，新时代区域协调发展不仅意味着不同区域间居民收入水平差距保持在合理范围之内，而且要求区域整体能够提供高质量的公共服务和人居环境，以使各区域全体居民的真实福利水平大致趋同。

三 区域协调发展重要论述的重大意义

当前我国经济社会发展已经进入新时代，习近平总书记正是站在新的历史方位上，以马克思主义政治经济学为指导，借鉴现代经济理论关于区域发展的观点，结合我国区域发展的丰富实践，提出了新的区域协调发展理念。

（一）理论意义

第一，习近平总书记关于区域协调发展的重要论述是对马克思主义经典作家有关区域经济、社会发展思想的继承和发展，是在马克思主义政治经济学基本原理的指导下，吸收现代区域经济理论发展的优秀成果，并在充分总结当代中国区域发展丰富实践的基础上进行的理论创新，是习近平新时代中国特色社会主义思想的重要组成部分，是马克思主义中国化的最新成果，也是中国特色社会主义政治经济学的重要理论创新。

第二，习近平总书记关于区域协调发展的重要论述是党的十八大以来新发展理念的具体运用和展开。理念是行动的先导，发展理念管全局、管根本、管方向、管长远。理念是否对头，直接关乎发展成效乃至成败。党的十八届五中全会确立了创新、协调、绿色、开放、共享的五大新发展理念，是关系中国发展全局的一场深刻的思想变革。五大新发展理念不是凭空得来的，是在深刻总结国内外发展经验教训的基础上形成的，是在深刻分析国内外发展大势的基础上形成的，也是针对我国发展中的突出矛盾和问题提出来的。新发展理念为新时代我国社会经济发展提供了理论指导和实践遵循。面对我国区域发展所面临的新机遇和新挑战，新发展理念为区域发展提供了新的理论指引，习近平总书记关于区域协调发展的重要论述就是新发展理念在我国区域发展实践中的运用与展开，是新发展理念与我国区域发展新的实践相结合的产物。

第三，习近平总书记关于区域协调发展的重要论述为我国区域经济社会发展实践提供了根本遵循。任何一种理论都来源于实践，理论的生命力也在于能否更好地指导实践，在于能否更好地推动实践的发展。习近平总书记关于区域协调发展的理念既来源于我国区域发展的实践，是在不断解决我国区域发展问题的过程中产生的，为我国区域经济社会发展提供了更好的理论遵循，为推进我国区域经济社会等全方位协调发展、实现全面建成小康社会，进而实现"两个一百年"和新的"两步走"奋斗目标提供了重要的理论支撑。

（二）现实意义

第一，有利于推动各个地区发挥比较优势，形成科学合理区域分工体系。习近平总书记在谈到国际合作、京津冀协同发展以及贫困地区发展等诸多问题上,都强调发挥各地区的独特优势与进行区域分工协作的重要性。按照这个思路来推进区域一体化进程,有利于形成区域发展的利益共同体,减轻当前我国区域发展进程中存在的产业同构现象。长期以来,在辖区政绩观的驱使下,我国行政区划之间存在较为激烈的经济竞争,各地区竞相采取各种优惠政策措施招商引资,扩大本地投资规模。这种区域间经济竞争带来了正反两方面的影响:一方面,调动了各地区发展经济的积极性,推动了我国各地区经济的快速增长;另一方面,各地区相互争项目、争资金,在推动产业发展时存在不顾自身比较优势,"一窝蜂"和"一哄而上"等情形,导致区域间产业结构相似度比较高,各地区比较优势未能得到充分发挥。这降低了资源的空间配置效率,区域整体的产业发展效率也因此受到负面影响。习近平总书记和党中央关于区域协调发展的一系列战略部署,正是为了破除上述弊端,促使我国各地区在经济竞争与协作之间形成了更高水平的平衡,有利于推动各地充分发挥比较优势,形成合理的区域产业分工格局,提高我国区域经济发展的总体效率。

第二,有利于缩小各地区的发展差距,实现共同富裕。区域协调发展的一个重要目的是缩小不同地区之间的发展差距,让各地区人民能共享改革开放的发展成果。习近平总书记对贫困地区、中部西部欠发达地区的一系列论述充分体现了共同富裕思想和新时代共享发展理念。习近平总书记在阜平考察时指出:"没有农村的小康,特别是没有贫困地区的小康,就没有全面建成小康社会。"[①] 这种区域共同富裕思想在实践中有助于推动不同地区的人民共享发展成果。同时,各地区的发展差距既体现在人均收入上,还体现在科教文卫等一系列公共服务产品上,因此,与以往不同,习近平总书记不仅高度重视区域经济开发,缩小不同区域

---

① 《把群众安危冷暖时刻放在心上 把党和政府温暖送到千家万户》,《人民日报》2012年12月31日,第1版。

第二章　关于区域协调发展的重要论述和实践

居民收入差距，而且高度重视推进基本公共服务供给的区域均等化工作，通过区域公共服务产品的协调供给全面提升不同区域人民的幸福水平。

第三，有利于真正将绿色发展新理念落到实处，推进中国各地区实现绿色繁荣和可持续发展。推进绿色发展与生态文明建设既是新时代区域发展的重要内容，也是区域可持续发展的重要保障。过去我们讲既要金山银山，又要绿水青山，已经在较大程度上强调经济发展要和资源环境相协调。习近平总书记的论述则更加深入、更加全面地阐明了经济发展与生态环境之间的关系。2013年9月7日，习近平总书记在哈萨克斯坦纳扎尔巴耶夫大学发表演讲并回答学生们提问时说："我们既要绿水青山，也要金山银山。宁要绿水青山，不要金山银山，而且绿水青山就是金山银山。我们绝不能以牺牲生态环境为代价换取经济的一时发展。"①习近平总书记反复强调生态文明建设的重要性，要求我们在发展过程中努力做到顺应自然、敬畏自然，多次指出建设生态文明，关系人民福祉、关乎民族未来，把生态文明提高到民族生存的高度来认识。这种充满科学辩证思维的可持续发展观和高瞻远瞩的区域发展观，扭转了很多地方在发展过程中以GDP论英雄的观念，推动各地区转向绿色发展之路，提高了我国各地区的绿色发展水平。

第四，有利于打破区域行政壁垒，构建新时代区域协调发展的新机制。长期以来，我国区域发展不平衡，国土资源开发利用效率不高，既有自然条件、要素禀赋等方面因素的影响，也有行政干预过多、地方保护和市场分割等制度性、政策性因素的影响。特别是城乡之间、大中小城市以及小城镇之间的要素还不能充分自由地流动，区域统一的大市场难以形成，这在很大程度上限制了市场在配置资源中的基础性作用的发挥。习近平总书记关于区域协调发展重要论述的提出，就是要打破"自

---

① 《习近平在哈萨克斯坦纳扎尔巴耶夫大学发表重要演讲　弘扬人民友谊　共同建设"丝绸之路经济带"》，《人民日报》2013年9月8日，第1版。

家一亩三分地"的思维定式，站在国家大国土空间一体化发展的高度，按照党中央全面深化改革的要求，充分发挥市场配置资源的决定性作用，着力破除制约要素跨区域自由流动的制度壁垒，加快建立有利于破除市场分割、推动协同发展的体制机制，为新时代我国区域协调发展提供坚实的体制机制保障。

第二节　区域协调发展的战略路径

与上述多维度区域协调发展思想一脉相承，习近平总书记在不同的场合多次深入阐述了新时代我国区域协调发展的战略途径。概括来看，其总体思路是要从经济发展和公共产品供给两大方面入手来推进我国不同区域之间的协调发展，具体战略途径有四：一是通过城市化制度变革降低区际要素和商品流动成本，促进要素和商品自由流动，推动形成以城市群为主体的大中小城市和小城镇协调发展。二是深化区域间产业分工，根据不同区域地理区位、要素禀赋等比较优势方面的差异确定各地区主导产业，推动不同区域之间形成差异化、专业化和高关联的产业分工协作关系。三是采取区域一体化的政策措施，推动区域公共产品的协调供给，包括协调推进区域基础设施网络的规划、投资建设与运营管理，协调供给教育、医疗和社会保障等基本公共服务，以及进行区域间自然生态环境的联合保护与污染的联合治理，提供高质量的区域生态产品。四是构建有利于区域协调发展的体制机制。习近平总书记在党的十九大报告中明确提出要建立更加有效的区域协调发展新机制。

一　推动形成以城市群为主体的大中小城市和小城镇协调发展格局

从世界范围看，城市化通常是推动收入增长的主要力量。城市经济学认为城市是知识创造、积累与传播的中心，因而也是区域的经济增长极。经济活动在城市的集中产生了外部性，劳动力能更好地通过模仿和学习来积累人力资本，新技术知识能更快地得到传播，这提高了厂商的技术创新绩效和生产效率，从而决定了地区经济的长期增长表现。改革开放以来，随着经济的快速发展，我国的城镇化水平也在不断提高，从1978年的17.9%上升到2016年的57.4%，年均提高超过1个百分点。进入新时代以来，越来越多的人口和经济活动向城市集中，我国已形成663个城市、20117个建制镇的城镇化新格局，京津冀、珠三角、长三角等城市群快速发展壮大，《国家新型城镇化规划2014-2020年》明确提出，要以城市群为主体形态，推动大中小城市和小城镇协调发展，长三角、成渝、长江中游城市群等一批城市群发展规划先后编制颁发。党的十九大报告进一步指出，要以城市群为主体构建大中小城市和小城镇协调发展的城镇格局。

从城市经济理论来看，大中小城市和小城镇协调发展的城镇格局意味着城市体系规模分布结构的合理化，城市体系内不同城市的相对规模、人口与经济集中度以及"位序——规模分布"等维度都要实现合理化。这种合理化具有极其重要的效率与区域福利增进含义，城市体系规模分布结构的合理化会给经济发展带来正面的影响，有利于城市体系各成员经济社会的协调发展，会提高整个城市体系的发展效率。城市经济学文献的一个重要研究路径就是从规模分布结构的视角来分析城市体系发展的协调性，将不同城市规模分布结构的合理化视为城市体系协调发展的重要内容。

例如，杜兰顿和普加（Duranton and Puga，2004）[1] 对城市的外部经

---

[1] Duranton, G. and Puga, "D. Microfoundations of Urban Economics." In Henderson J. V. and Thisse. J. F. (eds.) Handbook of Regional and urban Economics. Vol. 4. Amsterdam: Elsevier. 2004: 2063-2117.

济性进行了全面的分析，将其微观基础归结为城市环境所具有的共享、匹配与学习机制。不同人口规模的城市构成了一个城市体系，而城市体系的规模分布结构会影响整个城市体系外部性的发挥，并最终影响地区经济增长。亨德森[①]认为当城市的规模分布过于集中时，在那些规模过大的城市中经济活动与人口的过度集聚导致高昂的拥挤成本，部分资源不得不从知识的生产、积累和传播中转移出来，这减少了当期的知识积累，不利于经济增长；而在那些规模过小的城市中，经济活动的密集度不高，外部经济效应不明显，也不利于经济增长。此外，当城市的规模分布过于均匀时，各个城市都普遍地集聚不足，也会带来效率损失。因此，阿德尔－拉曼认为（Abdel-Rahman，1988），理论上应该存在某一最优的城市规模分布，以便使整个城市体系的外部经济性能够得到最大限度的发挥，从而提升总体区域福利水平。对此，亨德森（Henderson，2003）的实证研究发现，城市首位率与经济增长之间确实存在着一种倒U形关系。这意味着城市体系的规模分布结构确实存在一个最优水平，在达到这一最优水平之前，城市群人口集中度的提高促进了经济增长，而在此之后，人口集中度继续提高反而不利于城市群经济增长。

但是，一个国家城市体系的现实发展往往会偏离最优状态，导致这一偏离的最重要原因是政府行为以及相关政策倾斜，具体而言，一是权力集中在首都或者特权阶级居住的少数城市，生产和贸易许可、资本市场以及公共品都被人为地集中在这些城市，为了获得资源或便利，企业和居民不得不向少数城市聚拢，从而形成规模分布过度集中的城市体系结构。二是一些发展中国家实施了严重的大城市倾向的政策，将大量生产活动布局在行政等级较高的大城市。三是在城市规模演进过程中集聚的净效应是先上升，后下降的。当城市规模超出了最优水平之后，如果

---

① Henderson J. V. "Urban Primacy, External Costs and Quality of Life." *Resource and Energy Economics*. 2002，24（1-2）：95-106.

政府不能有效协调组建新的城市，居民就更倾向于留在原有的城市中，结果是城市规模过大，城市数量过少，城市体系规模结构不合理影响了城市效率的发挥。

随着城市化水平的快速提高，当前我国已有接近 8 亿人生活在城市中，由于我国城市体系结构的不合理，制约了城市集聚经济效应的发挥，阻碍了我国区域总体发展效率的提升。这一问题产生的根本原因在于我国不完善的城市化制度安排抑制了劳动力的跨区流动，导致我国城市化进程的本地化、分散化倾向明显。首先，这种城市化政策在实施过程中忽视了农村和农业转移人口的市民化，转移人口在户籍身份和公共服务等方面难以享受与城市市民同等的待遇，导致我国的人口流动面临着较大的隐性制度成本。其次，现阶段我国农村集体土地权能普遍不足，农村集体土地的市场化退出机制尚未建立，土地对农村转移人口仍然具有较强的束缚作用。在这种土地制度安排下，农民对承包地和宅基地的收益和处分权能受限，农村人口流动面临着巨大的机会成本，农民难以真正摆脱土地束缚，永久性地向城市转移，而通常采用本地化、临时性转移等方式。农民选择这种转移方式的目的在于一方面获取在附近中小城市就业的收益，另一方面确保对农村土地的占有。此外，我国各地普遍实施大城市偏向的政策，首都、省会和副省级大城市往往拥有更好的工作机会和更优良的公共服务资源，这吸引了大量人口迁移到这些城市，引致过度拥挤和管理滞后的超大城市出现。

党的十九大报告明确指出，要加快农业转移人口市民化，只有加快农业转移人口市民化，才能在实践中真正构建起大中小城市和小城镇协调发展的新格局。2015 年 12 月 18 日，习近平总书记在中央经济工作会议上指出，"推进城镇化要回归到推动更多人口融入城镇这个本源上来，促进有能力在城镇稳定就业和生活的农业转移人口举家进城落户，这既可以增加和稳定劳动供给、减轻人工成本上涨压力，又可以扩大房地产等消费。这也是缩小城乡差距、改变城乡二元结构、推进农业现代化的根本之策"。① 要加快农业转移人口市民化，推动人口的合理有序流动，就必须进一步深化户籍制度、农村土地制度和城乡公共服务制度改革，以改革破除制约农业转移人口市民化的政策樊篱。首先，要打破城乡分割的户籍管理制度，降低城镇入户门槛。除了少数特大城市和超大城市以外，要全面放开城镇入户，赋予人们自由迁徙权。其次，拓展农村集体土地权能，深化农村土地三权分置改革，赋予农民更多土地财产权利，探索建立市场化的农村土地退出机制，推动农村剩余人口的高效流动。最后，推进基本公共服务均等化。进一步剥离户籍与城市公共服务之间的联系，实现就业、住房、教育、医疗与社会保障等城市公共服务的均等化，降低人口流动的隐性制度成本，促进转移人口市民化。

二 推动不同区域之间形成高效的产业分工

不同区域之间进行高效的经济分工与互动是区域经济协调发展的重要基础。2014年2月，习近平总书记在听取京津冀协同发展工作汇报时提出七点要求，其中就包括着力加强三地功能定位、产业分工顶层设计，着力加快推进产业对接协作，着力加快推进市场一体化进程。② 上述要求的精神实质就是要推进区域间高效的经济分工与经济互动，只有这样才能将各个地区的比较优势充分发挥出来，从而提高区域整体的经济运行效率。

发达国家区域经济协调发展的一个重要方面是区域间产业分工与产业空间布局的一体化，这是提升区域总体产业发展效率的一个重要途径。宏观上区域产业分工要实现各地区之间产业的差异化错位发展，中观上要达到各地区产业之间的协调配套发展，微观上要达到地区之间产业链

---

① 《习近平谈治国理政》（第二卷），外文出版社，2017，第243页。
② 《京津冀协同需要加快产业一体化》，《人民日报》2017年3月28日，第5版。

内部专业化分工协作、企业集聚发展的格局。这是区域经济协调发展的主要内容，在不同发展阶段，产业分工涉及的领域从一个部门向多个部门逐步扩大，从而形成区域产业结构协同演进的格局。经济中心区的经济结构转换不仅与自身的基础设施、要素条件和多样化环境有关，而且与外围地区的产业结构有关，反过来，外围地区的产业结构升级，也高度依赖中心区的辐射带动。城市经济理论表明，外部经济差异是城市产业分工和互动的决定因素。外部经济有两种：一是源于行业内部的专业化经济，二是源于行业间的多样化经济，不同类型的外部经济对产业的空间布局具有不同的影响，最终导致了不同类型城市之间的产业分工。大城市多样化的产业环境和集中的购买需求诱使企业将管理总部和营销、研发等高价值服务部门配置在大城市，而将生产环节配置到更为专业化，要素成本更低的中小城市。新的技术和产业先在大城市中试验和孕育，成熟之后再转到小城市中生产，这种大中小城市之间的高效分工提升了城市体系产业发展的整体效率。

改革开放以来，我国各地区之间的经济竞争和地方保护导致区域间的产业分工水平不高，功能层次不明显，大中小城市的产业结构存在着同构的趋势。特别是近些年在国家政策因素推动下形成的一些经济区忽视了区域内产业协作，形成了区域内部竞争大于协作的产业发展现状。这种产业发展上的不协调导致我国难以形成合理的空间经济结构，直接导致了第三产业特别是生产性服务业发展缓慢和制造业创新能力不足，区域产业结构的国际竞争力不高。究其原因，这一方面是由于地方经济竞争、财政分权等制度性因素抑制了城市之间的有效分工，另一方面也是工业化早期对城市功能性分工的需求有限所致。随着我国逐渐进入工业化中后期，产业结构转换与升级导致产业链条延长，生产的迂回程度日益提高，这强化了对区域产业分工的需求。鉴于此，2014年12月9日习近平总书记在中央经济工作会议上指出，"今后，区域政策的一个要点是统一国内大市场,这既是区域政策要解决的问题,也是财税体制改革的重要任务。要通过改革创新打破地区封锁和利益樊篱,全面提高资源配置效率"。① 可见,为了推动建立高效的区域分工体系,一方面要积极实施一体化的空间开发战略,加快推动跨行政区的经济区发展,从区域整体考虑不同地区的产业功能分工与各自的主导产业定位,做到产业空间布局的一体化。另一方面要不断推进市场化改革,实施有利于区域一体化的政策,降低区域之间的贸易成本,促进要素资源和商品的跨区域自由流动,推动形成基于市场力量的区域专业化分工格局。

三 推动区域公共产品协调供给

习近平总书记高度重视区域公共产品协调供给问题,在2015年中央经济工作会议上,习近平总书记在谈到促进区域发展时指出:"要根据主体功能区定位,着力塑造要素有序自由流动、主体功能约束有效、基本公共服务均等、资源环境可承载的区域协调发展新格局。"② 习近平总书记在这里所说的"基本公共服务均等"与"资源环境可承载"实际上指的就是区域公共产品供给问题。习近平总书记高度重视精准扶贫问题,指出深度贫困地区的区域发展是精准扶贫的基础,加大对深度贫困地区的公共服务投入,提高基础设施、教育、医疗、社保等公共服务水平是深度贫困地区的区域发展的重要内容。从制度经济学的视角来看,区域一体化发展必然导致众多制度性公共领域的存在,如区域基础设施网络的共享、生态环境的相互影响,城乡规划建设的衔接以及公共服务的跨区辐射等方面。由于地理位置的邻近,不同行政管辖区域之间更容易产生对邻近各方都发挥影响的共同利益问题,从而导致相应的区域公共品需求,而有效的区域公共品供给则有利于提高区域内部资源要素的配置

---

① 《习近平谈治国理政》(第二卷),外文出版社,2017,第236页。
② 《习近平谈治国理政》(第二卷),外文出版社,2017,第243页。

效率。与一般公共品一样,"外部性"特征决定了区域公共品在现实世界供给中的困境,受区域公共品外溢性影响的多个行政区政府同样具有"搭便车"的冲动,可能导致基础设施、公共服务和生态环境等一系列区域公共产品的供给不足和过度供给问题。

当前,我国面临着一系列区域公共产品低效供给的问题。首先,当前我国跨地区基础设施建设缺乏规划统筹,不少城市群内基础设施网络不衔接、不协调的问题突出。各地区从自身辖区利益最大化的目标出发进行基础设施规划与投资,争项目、争资金的现象不断出现,城市基础设施建设缺乏与周边地区的协调与共享机制,导致区域基础设施供给过度和不足的问题同时存在。一方面,地区间基本建设竞争导致公共基础设施重复建设的现象较为常见,在造成巨额投资浪费的同时,引发大量基础设施的过度供给。另一方面,在中小城镇和乡村地区,由于长期受到忽视,基础设施供给又存在不足,基础设施条件较差对经济发展造成了不利影响。

其次,长期以来我国在公共服务上一直实行了明显具有大城市倾向的政策,就业、教育、和医疗等优质公共服务资源集中分布在行政等级较高的大城市,而中小城镇优质公共服务资源供给不足,导致不同地区之间的公共服务水平差异较大。

最后,跨地区生态建设与污染治理问题突出。我国粗放的城市化和工业化进程已经对区域生态环境造成了极大的威胁,导致我国经济较为发达地区的生态环境不断恶化。以跨区污染较为突出的大气和水环境为例,我国 PM2.5 浓度较高的地区基本上集中分布在我国经济发达的沿海地区。水污染和流域治理也是我国区域发展面临的主要环境问题,长三角城市群内长江、太湖、钱塘江、京杭大运河等基本都流经城市群内的各城市,珠三角城市群内东江、西江、北江和珠江等水域也都流经城市群内的各城市,这两大区域城市群均存在严重的跨区水域污染问题。但由于缺乏相关制度安排，我国跨区环境污染的联合治理与生态联合建设难以推进，导致区域总体生态环境恶化，降低了人们的真实福利水平。

在认真理解习近平总书记关于协调发展重要论述的基础上，我们可以把区域公共产品的协调供给概括为以下三方面内容。

一是基础设施网络一体化发展，这是区域协调发展的主要内容。习近平总书记要求京津冀把交通一体化作为先行领域加以推进，不仅科学地揭示了区域公共产品协调供给的优先次序，也非常符合我国区域发展的现实需要。基础设施网络一体化发展就是要把交通、能源、水利和信息等方面的基础设施，按照统一规划、统一建设、统一经营和统一管理的要求，从区域整体上进行统筹规划，努力实现互联互通、共建共享，以提高资源使用效率与投资效率。在具体操作上我国要以交通基础设施关键通道、关键节点和重点工程为突破口，推动区域交通枢纽、城际轨道、高快速路、口岸合作、水陆空联运通道等有机衔接，完善运输服务协调机制，以区域交通运输一体化抓手带动基础设施网络全面一体化。

二是基本公共服务一体化。其核心是要让所有公民享受到的基本公共服务能够突破行政区划的界限，逐步实现对接共享并最终达到同一标准，做到基本公共服务业的资源共享、制度对接、流转顺畅、差距缩小、待遇互认，通过实现基本公共服务一体化提高公共服务供给效率，促进公共服务消费。这要求区域公共服务规划和政策统筹衔接，建立公共服务共建共享体制机制，提高区域基本公共服务均等化水平，促进城市群教育医疗、社会保险、文化体育等社会事业融合发展。

三是区域生态和人居环境建设一体化。生态环境是典型的区域公共产品，由于水、空气等诸多自然生态资源在空间上不可分割，其质量高低不仅与各成员自身的投入水平有关，更高度依赖各地区之间的合作行动。党的十九大报告提出，"以共抓大保护、不搞大开发为导向推动长江经济带发展"①，要求京津冀加强生态环境保护合作，在已经启动大气污染防治协作机制的基础上，完善防护林建设、水资源保护、水环境治理、清洁能源使用等领域合作机制。可见，要想提高区域生态环境质量就必须推动各地区进行自然生态环境的联合保护与污染的联合治理，具体包括跨流域、大气、水环境和土壤保护，跨区域饮用水源保护利用，跨区域污染联防联控，生态功能区保护，以及环保信息共建共享等，促进形成区域生态环境保护的一体化格局。

四 构建有利于区域协调发展的体制机制

区域协调发展需要不同地区之间的高度合作，但在我国现有体制条件下，对辖区政绩目标的追求有可能限制了区域之间的合作潜力。传统计划经济体制下所形成的路径依赖依然影响着新时代我国经济的发展方式，"辖区经济"成为制约我国区域协调发展的制度障碍，导致不同区域之间依然存在强大的行政壁垒，阻碍了区域协调机制的建立。事实上，各地政府为了扩大辖区政绩目标，有可能过度关注任期内经济发展情况，努力扩大本地投资规模，保护本地企业发展，这会引发地方政府之间的市场分割和招商引资竞争。地方政府的市场分割主要是通过限制商品和要素市场竞争，来达到保护本地企业和维持本地经济优势的目的。同时，为了在招商引资竞争中胜出，各地方政府还会积极采取措施扩大经济资源流入本地的规模，包括提供各种直接和变相的税费优惠，压低地价、放松环境监管等，努力吸引更多企业进入本地投资。显然，无论是市场分割还是招商引资竞争都不利于地方政府之间的合作行动。此外，在缺乏适当的激励约束机制的前提下，跨区公共产品供给存在收益和成本的不对称性，这会诱使更多的"搭便车"行为。同时，各成员均缺乏投资跨区公共产品的激励，这限制了区域公共产品整体供给水平和供给质量

---

① 《党的十九大报告辅导读本》，人民出版社，2017，第32页。

的提升。因此，要想使不同地区在经济协调发展和公共产品协调供给上获得成功，就必须改变博弈规则，从更加广泛的层面进行区域发展管理体制的改革，改变地方政府的激励与约束机制，减轻辖区政绩目标对政府行为的扭曲。习近平总书记在党的十九大报告中明确提出，要建立更加有效的区域协调发展新机制，这一战略部署具有强烈的改革意义，只有通过不断深化改革，进行相关的体制机制创新才能将习近平总书记的区域协调发展理念真正落到实处。

（一）构建发展规划协调机制

习近平总书记在谈到京津冀一体化发展时强调，要着力加强顶层设计，抓紧编制首都经济圈一体化发展的相关规划，明确三地功能定位、产业分工、城市布局、设施配套、综合交通体系等重大问题，并从财政政策、投资政策、项目安排等方面形成具体措施。① 习近平总书记的这番讲话充分说明了构建区域发展规划协调机制的重要性。我们要从区域整体出发，统一编制各地区发展规划，明确各地区功能分工，促使各地区各类专项规划相互衔接、相互协调。特别是要按照党的十八届四中全会关于全面推进依法治国若干重大问题的决定要求，提升规划工作的法治化水平，通过提升法治化水平强化规划的刚性约束力。这既是推进依法行政，规范政府行为的需要，也是各项规划能否得到有效实施的重要保障。

编制和实施的各级各类规划是我国各级政府行政工作的重要内容，近年来为推进区域一体化发展，各级政府在空间规划管理上普遍采取两种方式：一是国家层面编制区域规划并由国务院出台相关规范性管理文件引导协调区域内部各地区的发展；二是区域规划以改革试验区的形式

---

① 《习近平在听取京津冀协同发展专题汇报时强调 优势互补互利共赢扎实推进 努力实现京津冀一体化发展》，《人民日报》2014年2月28日，第1版。

出现，由国家出台相关实验方案，以统筹试验区的发展。通过这两种方式出台的各类区域发展规划数量不可谓不多，但各地区普遍存在"重规划、轻实施"的现象，不少规划缺乏必要的刚性保障机制，政策不配套，甚至出现政策相互抵触的情况，难以得到一以贯之的实施，其主要原因在于法治化的区域规划协调机制尚未建立。为此，我国亟须在立法上对区域发展规划加以规范，强化规划协调机制的刚性约束。可探索在国家层面进行全国性的区域规划立法，一方面为各地区的区域规划立法提供上位法依据，另一方面也可对范围较大、需要跨省协调的重点区域发展规划进行直接立法，提高规划的总体协调效果。同时，鼓励各省份根据本地区发展的实际需要，制定地方性法规，强化对省级行政区域内区域发展的规划协调，用法治化手段保障区域内各类专项规划相互衔接、相互协调，提高规划编制与实施的科学性和严肃性。

（二）构建土地要素协调配置机制

在通过规划协调确定了各地区的功能定位和分工以后，就要通过土地要素协调配置机制确定各地区的土地利用水平，做到人口和产业跟着功能走，土地指标配置跟着产业和人口走，从而提升区域整体土地开发的总体效率。

要着力引导建设用地有序扩展，在确定各地区新增建设用地供给数量时，应以需求引导和供给调节相结合，避免建设用地的盲目扩张，土地供给指标要与各地区经济和人口密度相匹配，努力实现区域开发与保护相统一。在新增建设用地空间布局安排上，发挥土地要素对产业的引导作用，引导产业集中布局，集聚发展，优化区域土地利用结构与空间布局，提高土地利用效益，避免"摊大饼"式盲目发展的老路。此外，要大力推进国家征地、农村宅基地和城镇存量集体建设用地三项制度改革，盘活城乡闲置土地资源，提高城乡土地要素的节约集约利用水平。

（三）构建行政管理协调机制

首先，要加大上级政府对区域产业分工、市场发育、基础设施、公共服务、生态建设等方面的垂直协调力度，中央政府负责对跨省区的区域发展进行垂直协调，省级政府负责对辖区内不同区域发展进行垂直协调，以充分发挥我国现有管理体制的优势，通过上级政府的行政干预促进不同区域之间的合作行动。

其次，区域协调发展必然要求各成员让渡部分行政管理权力交由区域公共组织加以实施，以打破目前"行政区经济"的边界效应，这需要建立专门的区域管理职能部门。我国目前的区域管理机构设置基本采用分立的职能部门模式。在这种管理模式中，区域政策的实施分散于中央或省级政府的许多部门，各部门不仅有权管理本部门范围内的区域发展事务，而且还单独实施区域政策项目。这种模式虽然能够在一定程度上提高有关部门参与区域发展的积极性，但也存在以下两点明显的不足：一是由于各部门都有自己独特的利益，因此，各部门的区域政策目标不尽相同，有时甚至会出现相互冲突和矛盾的现象，各部门对区域政策资源的竞争，可能会导致重复建设和资源浪费。二是下级地区要面对众多区域政策决策和实施主体，各部门在区域政策的制定和执行过程中采取不同的标准和程序，导致政策实施过程中要付出巨大的交易成本。在某些情况下，这种交易成本还因为部门的寻租动机而具有较强的刚性，治理成本较高。因此，今后有必要改革现有的区域管理机构设置模式。考虑到我国省级行政区的人口规模和地域面积，可以参考欧洲单一制国家的区域管理机构设置模式，在中央或省级政府层面设立专门的区域管理协调机构，将目前分散于各职能部门的区域管理事务集中起来统一管理，提高区域政策制定和实施的效果。

（四）政府绩效联合评价考核机制

习近平总书记指出，要着力加大对协同发展的推动，自觉打破自家"一亩三分地"的思维定式，抱成团朝着顶层设计的目标一起做，充分发挥环渤海地区经济合作发展协调机制的作用。① 但要在实践中真正打破自家"一亩三分地"的思维定式，还需要加大力度进行政绩评价考核机制改革，探索建立政绩联合评价考核机制。政绩联合考核机制也是实现区域协调发展的重要制度保障，通过联合考核破解制约区域协调发展的"辖区"政绩观和"任期"政绩观。为了减小地方政府官员过于追求任期内本地政绩目标的负面影响，促进区域整体发展效率的提高，有必要在以下三个方面进一步深化现行政府绩效考评体系改革。

一是进一步完善考评指标设计。今后应适当减少对单个成员经济社会发展指标的考核，适当增加对区域产业升级、生态保护、节能减排、公共服务和人居环境等整体指标的考核，将上述区域整体指标纳入对各成员的考核中，并根据各成员的功能分工差别化地设置指标权重。二是引进外部考核主体。现行考核过程通常包括被考核对象自评和上级部门测评，属于内部考核，上级部门成为最主要的考核主体，这就使政绩考核缺乏外部评估主体的参与。在许多情况下，外部评估主体缺位可能导致绩效考评对地方官员行为的约束力不足。因此，今后有必要引入政府之外的独立第三方主体，如大学和研究机构等，加强对城市群各成员政绩的外部评估。三是加大基于考评结果的奖惩力度。进一步完善干部人事制度，将政绩联合考评结果与干部的任用和升迁更有效地结合起来，以增强联合绩效考评的激励和约束作用。

---

① 《习近平在听取京津冀协同发展专题汇报时强调　优势互补互利共赢扎实推进　努力实现京津冀一体化发展》，《人民日报》2014年2月28日，第1版。

第三节　广东促进区域协调发展的实践

广东是经济大省，自1989年以来经济总量一直位居全国第一名，以广州、深圳为核心的珠江三角洲地区更是全国经济最为发达的地区之一。但是，广东省同时也是区域内部发展严重失衡的地区，珠三角与粤东西北地区的发展差距显著。多年来，中共广东省委、省政府采取了多种政策措施促进省内各区域协调发展，特别是党的十八大以来在习近平关于区域协调发展理念的指引下，广东在推进珠三角地区一体化发展，缩小区域经济差距方面成效明显，区域协调发展水平得到进一步提高。

一　推进珠江三角洲一体化发展

（一）党的十八大以前的珠江三角洲一体化进程

改革开放40年来，广东在发展过程中紧紧抓住毗邻港澳的区位优势，大力承接国际产业转移和吸引外资，率先建立开放型经济体系，成为我国外向度最高的经济区域和对外开放的重要窗口。多年的快速发展使广东省由落后的农业大省发展为位列全国第一的经济大省，经济总量先后超过亚洲"四小龙"的新加坡、中国香港和台湾，奠定了建立世界制造业基地的雄厚基础，成为推动我国经济社会发展的强大引擎。2009年，国家发展和改革委牵头制定了《珠江三角洲地区改革发展规划纲要（2008－2020年）》（以下简称《纲要》），赋予珠江三角洲地区发展的更大自主权，支持广东率先探索经济发展方式转变、城乡区域协调发展、和谐社会建设的新途径、新举措，要求广东通过进一步深化改革走出一条生产发展、生活富裕、生态良好的文明发展道路，为全国的科学发展提供示范。《纲要》明确地把推进珠三角一体化作为一项重要的国家战略，为此，中共广东省委、省政府采取了一系列措施推动珠三角一体化，具体措施如下。

第一，设定一体化的发展目标。《纲要》明确了珠三角的战略定位和发展目标，提出了涵盖五大建设、九个方面的重点，并从地区生产总值、人均地区生产总值、城镇化水平三个量化指标方面对珠三角2012年要实现的中期目标、2020年要实现的长期目标做出了具体的规定。中共广东省委、省政府在《关于贯彻实施〈珠江三角洲地区改革发展规划纲要（2018－2020年）〉的决定》（以下简称《决定》）中，对中央确定的目标任务进行了纵向与横向分解，提出了贯彻实施《纲要》的总体目标和细化指标。纵向的目标分解体现在总体目标方面，提出珠三角实现"一年开好局，四年大发展，十年大跨越"的"三步走"方案。"一年开好局"要求：2009年珠江三角洲地区力争率先克服国际金融危机影响、保持经济平稳较快发展，地区生产总值达到31500亿元，人均地区生产总值达到65200元（2007年价，按2008年平均汇率1∶6.95计算约折合9381美元，下同），城镇化水平达到80.1%。"四年大发展"要求：珠江三角洲地区率先建成全面小康社会，经济实力、自主创新能力和国际竞争力显著增强，发展方式转变取得明显成效，基本形成现代产业体系框架，基本实现区域经济一体化，基本建成惠及全民的社会保障体系，医疗卫生、教育、文化等公共服务水平显著提升，宜居城乡建设取得明显成效。到2012年，珠江三角洲地区生产总值达到4万亿元人民币，人均地区生产总值达到8万元（约折合1.15万美元），城镇化水平达到81.0%。"十年大跨越"要求：珠江三角洲地区在全国率先基本实现社会主义现代化。到2020年，珠江三角洲地区生产总值比2007年增长约2倍，达到7.25万亿元，力争赶上韩国；人均地区生产总值达到13.5万元（约折合1.94万美元），超过台湾地区现有水平，实现从上中等收入水平向高收入国家和地区水平迈进的目标。城镇化水平达到85.0%。广东省政府还依据上述总体目标对九个市政府开展一年、四年、十年的目标分解和考核。横向的目标分解主要由广东省直五个职能部门即发改委、财政厅、交通厅、建设厅、环保厅牵头，分别于2010年出台了与《纲要》相配套衔接的五个一体化规划方案，包括基础设施、基本公共服务、城乡规划、环境保护和产业布局五大领域，推动珠三角地区向深度融合的一体化方向发展。

第二，完善一体化工作机制。首先，广东省和珠三角九市政府均设立了实施《纲要》领导小组及其办公室（以下简称"纲要办"），以更好地集中和调度人、财、物、政策等各方面资源，解决贯彻实施区域一体化政策的载体和硬件配备问题。建立了领导小组成员全体会议、领导小组组长碰头会、专项工作协调会等会议制度，形成自上而下的垂直领导体系。领导小组为议事协调机构，"纲要办"为领导小组的日常工作机构和办事机构，承担统筹规划、组织协调、监督评估等职能。其次，推行落实一体化任务的"行政责任包干制"。广东省委、省政府采取了"横向任务包干"与"纵向任务包干"相结合的方式落实工作责任，分解《纲要》的指标和任务。"横向任务包干"是指将珠三角这个大区域一体化发展的整合任务在横向上进行三个次区域的二次细分，再由省级政府把区域整合的发展任务分片包干给三个次区域政府，以此形成横向的属地包干方式和俱乐部竞争态势。广东省委、省政府把珠三角区域划分为"广佛肇""深莞惠""珠中江"三个次区域城市经济圈，希望通过加强城市圈内的经济互动和政府合作，来探索城市群协同发展的经验，以城市群为主要的政策抓手推动珠三角一体化进程。"纵向任务包干"是基于行政科层体制对任务进行层层分解，落实各级政府及其职能部门的工作职责。

第三，完善结果导向的一体化政绩考核机制。为了保证《纲要》所设定的目标落到实处，广东省建立了一套完善的贯彻实施《纲要》的考核问责机制，对各级政府和部门推进区域一体化工作进行结果导向的政绩考核。广东省政府于2009年末专门出台了《实施〈珠江三角洲地区改革发展规划纲要（2008—2020年）》评估考核办法》。这套绩效考核体系与传统的政绩评价体系不同，它采用定量与定性考核结合的形式，通过设置不同考核项目和权重，评估考核珠三角各市和各单位贯彻实施《纲要》的工作情况。为做好指标考核工作，广东省按照可量化考核、可落实责任的原则，选取了中共广东省委、省政府《关于贯彻实施〈珠江三角洲地区改革发展规划纲要（2018—2020年）〉的决定》中的 25 项指标，以及广东省国土资源厅、卫生厅等部门提出的 3 项指标，总共 28 项指标作为考核依据，涉及经济发展、自主创新、环境保护、社会保障、卫生等多个方面。对珠三角各市的考核包括指标考核、工作测评和公众评价三部分；对广东省有关单位的考核包括考核组考核和工作测评两部分。在具体程序上，广东省在进行这项考核的过程中还邀请社会各界人士参与评估考核，评估考核结果向社会公布。珠三角区域一体化专项考核机制的建立，实现了政治问责与行政问责由软约束向硬约束的转变，在很大程度上促进了珠三角地区一体化发展。

（二）党的十八大以后的珠江三角洲一体化进程

为了推动珠三角一体化向纵深发展，2014 年 11 月，广东推出珠三角智慧城市群建设和信息化、科技创新、生态安全、物流和旅游等一体化行动计划，通过这五个新一体化行动方案，珠江三角洲九市朝着深度融合发展方向加速前进，区域共生关系得到进一步深化。

在物流一体化方面，广东省出台了《推进珠江三角洲地区物流一体化行动计划（2014—2020年）》，明确要以珠三角地区为突破口，以建设与港澳地区错位发展的国际物流中心为目标，以物流市场一体化、物流网络一体化、物流产业一体化、物流信息一体化、物流标准一体化、物流营商环境一体化为重点，构建布局合理、技术先进、节能环保、便捷高效、安全有序的珠三角现代物流体系。该计划提出了推进物流一体化的 19 项具体措施。

在生态一体化方面，广东出台了《珠江三角洲地区生态安全体系一体化规划（2014－2020年）》，首次从珠三角整体发展的角度提出构建"一屏、一带、两廊、多核"的区域生态安全格局，率先建设珠三角森林城市群。"一屏"指环珠三角外围生态屏障；"一带"指南部沿海生态防护带；"两廊"指珠江水系蓝网生态廊道和道路绿网生态廊道；"多核"指五大区域性生态绿核。具体措施包括：优化生态安全格局，构筑珠江三角洲区域生态安全体系；加大生态保护力度，确保各类生态资源安全；加大生态修复力度，集中解决珠江三角洲突出的生态问题；加大生态建设力度，提升区域生态保障能力；完善预警监控机制，降低生态危机发生风险等。特别值得一提的是，该规划明确提出要构建生态安全管理的区域联动机制，增强区域生态产品的联合供给能力。

在信息一体化方面，广东省出台了《推进珠江三角洲地区智慧城市群建设和信息化一体化行动计划（2014－2020年）》，提出要着力推进信息基础设施、公共服务平台、信息网络应用的一体化发展，将珠三角地区建设成为世界级的智慧城市群、国际宽带网络枢纽、全国智慧应用先行示范区、全国信息服务区域中心。为此，珠三角各地区城市智能感知系统和民生服务系统要逐步对接，网上办事、社会保障等社会管理智慧应用不断拓展，通过地理空间、物联网、云计算、大数据等新一代信息技术实现区域经济社会各领域智慧应用的协同与对接。同时，加强区域合作，推动"广佛肇""深莞惠"和"珠中江"三大经济圈深度合作，推进区域信息基础设施、公共服务平台的一体化建设，以及信息网络区域一体化应用。

在创新一体化方面，广东出台了《推进珠江三角洲地区科技创新一体化行动计划（2014－2020年）》，该计划要求珠三角地区要在若干重点领域接近或达到世界先进水平，在一批优势重点产业领域形成跨区域的高端创新型产业集群,形成具有国际竞争力的高技术产业带。区域科技创新合作机制更加完备,创新资源开放共享程度明显提高,统一的大型科学仪器共享、技术开发与检测、科技金融等公共服务网络基本建成,形成较为完善的区域性国际化创新体系。到 2020 年,研发经费要占地区 GDP 的 3%,高科技制造业增加值占工业增加值的 30%,力争率先建成全国创新型区域和亚太地区重要的科技创新中心。为了实现上述目标,该计划要求珠三角各市要重点开展区域科技资源共享开放行动、重大科技项目联合攻关行动、产业集群协同创新行动、社会民生保障科技行动、联合构建人才高地行动、科技金融合作行动、自主知识产权促进行动等。

在旅游一体化方面,广东出台了《珠江三角洲地区旅游一体化规划(2014–2020 年)》,该规划将"大旅游"概念再一次升级,更注重区域内各成员之间的旅游合作,重点建设珠三角区域旅游市场营销一体化体系、旅游共享信息平台、多层次旅游集散体系和跨地区旅游公共服务体系。广佛肇三地进一步加强旅游营销合作,打造以广州千年商都、佛山岭南舞狮、肇庆山水生态为核心主题的具有国际影响力的旅游目的地。同时加强"广佛肇""深莞惠""珠中江"三大经济圈的旅游合作、旅游产业的优势互补和合理布局。构建珠三角旅游一体化区域合作体系,促进珠三角旅游要素流动和资源优化配置,推进珠三角旅游一体化的体制机制创新。

在 2017 年全国"两会"上,《政府工作报告》提出要研究制定粤港澳大湾区城市群发展规划。2016 年 3 月,国务院印发《关于深化泛珠三角区域合作的指导意见》,将泛珠区域合作正式上升为国家战略。其中,明确要求广州、深圳携手港澳,共同打造粤港澳大湾区城市群,建设世界级城市群。2018 年的《政府工作报告》再提粤港澳大湾区城市群,并提出"提升在国家经济发展和对外开放中的地位与功能",这意味着建设粤港澳大湾区城市群已正式上升为国家战略,将建成国内举足轻重的世界级城市群。2019 年 2 月 18 日,中共中央、国务院印发了《粤港澳大湾区发展规划纲要》并向全社会公布。粤港澳大湾区建设以泛珠三角合作为重要基础，辐射带动全国约1/5的国土面积、1/3的人口和1/3以上的经济总量。随着国家建设粤港澳大湾区战略的正式启动，其辐射半径更将扩展至东南亚和南亚国家，成为联通"一带一路"的重要平台。

二 推进区域经济协调发展

（一）广东区域经济发展差距

改革开放以来，随着整体经济的快速发展，广东省内部不同区域之间经济发展失衡的问题日益凸显，呈现典型的"中心—外围"区域经济发展格局。广东的理论界和政府部门将全省划分为四个经济区域，即经济发达的珠江三角洲地区，以及经济发展相对落后的北部山区和东、西两翼地区。[①] 珠江三角洲地区包括广州、深圳、珠海、佛山、江门、中山、东莞、惠州和肇庆九市；北部山区经济区包括河源、清远、梅州、韶关和云浮五市；东翼包括粤东的汕头、潮州、揭阳与汕尾四市；西翼则包括粤西的湛江、茂名和阳江三市。作为广东省经济发展的中心区，改革开放以来，珠江三角洲的工业化和城市化水平快速提高，产业和人口集中度不断提升，成为全国重要的经济发达地区之一，而作为外围地区的北部山区和东、西两翼经济区工业化和城市化进展缓慢，与珠三角地区之间的经济差距不断扩大。

自20世纪90年代以来，珠三角地区经济总量占全省的比重一直处于上升趋势，2006年达到79.8%，此后便一直稳定在80%左右；而粤东西北地区所占的比重则呈现下降的趋势，到2006年下降为20.2%，此后也一直稳定在20%左右。此外，从人均发展水平来看，自2000年以来，珠

---

① 广东经济发展相对落后的北部山区和东、西两翼地区后又被通称为粤东西北地区，后文将沿用这一称呼。

三角与粤东西北地区人均 GDP 的比值逐年上升，到 2006 年上升为 4.0 左右。之后，这一比值有所下降，但是基本上保持在 3.0 以上的水平，表明广东各区域之间的人均 GDP 水平仍存在明显的差距。

（二）广东促进区域经济协调发展的措施

从 20 世纪 90 年代后期起，珠三角地区产业和人口高度集聚引致的拥挤成本开始显现，在市场力量的作用下，产业自发向外转移的现象逐渐增多。一些劳动密集型、低附加值产业为了降低成本纷纷向外转移，珠三角边缘和粤东西北地区是这些产业转移的主要目的地。随着产业向粤东西北地区转移，粤东西北地区的经济发展步伐开始加快。与此同时，广东省政府也将推进产业从珠三角向粤东西北地区转移作为解决区域发展失衡问题，促进区域经济协调发展的重要手段，出台多项鼓励产业转移的政策措施。2005 年以来，在市场和政府两种力量的共同影响下，广东省内产业转移规模逐年扩大，有力地促进了粤东西北地区的经济发展，一定程度上遏制了其与珠三角地区发展差距继续扩大。

为了实现珠三角在资金、管理、信息、品牌与粤东西北地区在土地、自然资源和劳动力等方面的优势互补，推进省内区域经济协调发展，2005 年起广东省开始引导经济发达的珠三角各市与欠发达的粤东西北地区各市进行对口合作，出台了一系列政策措施，鼓励产业从珠三角中心区向粤东西北地区转移。2005 年 3 月，广东省政府出台了《关于我省山区及东西两翼与珠江三角洲联手推进产业转移的意见》，该文件第一次确立了欠发达地区承接产业转移的"园区化"模式，有力地推动了大规模集群式产业转移的进程。其基本做法是，在省政府的统一协调下，粤东西北地区与珠三角地区有关地方政府在自愿的基础上签订合作协议，联手推进珠三角的产业转移。按照合作协议，由粤东西北地方政府在本地经国务院、省政府批准设立的开发区、工业园区、高新技术产业开发区或土地利用总体规划确定的建设用地中，整体或部分划出一定面积的土地，设立产业转移园区，主要用于承接珠三角地区的产业转移。珠三角合作方负责园区的规划、投资、开发、建设和招商引资等工作，粤东西北合作方负责提供园区建设用地，并进行园区外部基础设施建设。这种产业转移园制度的实施创建了一种珠三角地区和粤东西北地区的利益共享机制，有助于引导各地政府从竞争走向合作，在很大程度上推进了广东省内产业的区际转移。此后，广东省有关部门相继出台了《广东省产业转移工业园认定办法》《关于支持产业转移工业园用地的若干意见（试行）》《广东省产业转移工业园外部基础设施建设省财政补助资金使用管理办法》《关于加强我省山区及东西两翼与珠江三角洲联手推进产业转移中环境保护工作的若干意见（试行）》等一系列政策文件，在全省范围内大力推进产业转移园建设。2008年国际金融危机爆发后，为减少全球性经济衰退的负面影响，2008年11月，广东省决定从2009年起4年内每年安排5亿元产业转移专项奖励资金，用于奖励向粤东西北地区转移的珠三角地区企业，重点抓好粤东西北地区示范性产业转移园区建设。在上述一系列鼓励性政策措施的推动下，广东省内区际产业转移呈现集群化、园区化和规模化的特点。截至2011年底，广东全省共建立了35个产业转移工业园。

  党的十八大以来，为了进一步增强粤东西北地区经济发展的潜力，广东省加大了对粤东西北地区基础设施投资力度，大力推进粤东西北地区的城市化进程，并将其与推进产业转移一道称为促进区域经济协调发展的"三大抓手"。自2013年，广东每年对粤东西北地区基础设施投资达千亿元，五年总共投入约5000亿元用于欠发达地区的基础设施建设。随着投资力度的加大，粤东西北地区的基础设施条件得到了很大改善，到2015年底广东实现了县县通高速公路的目标，基础设施条件的改善在很大程度上降低了区域商品与要素的流动成本，对粤东西北地区的经济发展起到了较好的促进作用。此外，广东还积极抓住国家推进新型城镇化发展的契机,大力推进粤东西北地区的城镇化进程。2012年6月,广东出台《广东省促进粤东西北地区地级市城区扩容提质五年行动计划》,明确了粤东西北各市可适时开展行政区划调整,中心城区发展空间已饱和的地级市,可对毗邻中心城区的县(市)、小城镇统筹适时进行行政区划调整;只有1个市辖区的地级市可以通过整建制的撤县(市)设区或将与中心城区联系紧密、条件成熟的部分镇划入中心城区。随着该行动计划的实施,粤东西北地级市发展的空间载体得到了极大拓展,各地围绕城区"扩容提质"方案对工业化和城市化发展方案进行调整,产业的规模化、集群化发展趋势进一步增强,逐步形成了产城互动的良性发展格局。

三　广东区域发展格局的调整

(一)主体功能区发展战略的提出

国家主体功能区制度明确指出,要按照人口资源环境相均衡、经济社会生态效益相统一的原则,整体谋划国土空间开发,科学布局生产空间、生活空间、生态空间,给自然留下更多修复空间。为了规范我国空间开发秩序,实现区域协调和人与自然和谐发展,"十二五"前夕,党中央提出了主体功能区战略思路。根据中共中央关于制定国民经济和社会发展第十二个五年规划的建议,"十二五"期间要在全国范围大力推进功能区战略实施和相关保障制度建设:一方面,要按照全国经济合理布局的要求,规范开发秩序,控制开发强度,形成高效、协调、可持续的国土空间开发格局。另一方面,要基本形成适应主体功能区要求的法律法规、政策和规划体系,完善绩效考核办法和利益补偿机制,引导各地区严格按照主体功能定位推进发展。习近平总书记多次在不同场合提出要坚定不移加快实施主体功能区战略,严格按照优化开发、重点开发、限制开发、禁止开发的主体功能定位,划定并严守生态红线,构建科学合理的城镇化推进格局、农业发展格局、生态安全格局,保障国家和区域生态安全，提高生态服务功能。2017年，中共中央、国务院联合下发了《关于完善主体功能区战略和制度的若干意见》，对新时代我国主体功能区建设的大政方针进行了部署。

实施主体功能区规划对于广东转变经济发展方式，实现区域协调发展具有非常重大的现实意义。广东是全国领先的经济大省，但是省内不同区域间的经济发展情况很不均衡。不同地区之间的地理区位和交通条件差异也非常大，珠三角毗邻港澳，自然条件优越，但是其国土开发与资源承载能力已接近极限；东西两翼处于沿海地带，经济发展水平远远落后于珠三角，还有较大的开发空间；粤北山区地带是广东省重要的生态屏障，交通不便，生态承载能力脆弱。实施主体功能区规划有利于不同地区之间形成错位发展的格局，在实现经济发展的同时还广东人民以青山绿水。同时，实施主体功能区规划又是一项牵涉面广、难度大的系统工程。主体功能区规划不仅仅是个单纯的区域功能定位，规划的制定与实施必将涉及环境治理、国土开发、制度建设、产业布局、人口流动、社会保障等经济社会发展的诸多领域，需要出台一整套制度法规与之相配套，可能会面临一些长期积累的深层次和体制性的矛盾，需要通过不断深化改革加以应对。

（二）习近平总书记关于广东省区域协调发展问题的指示

2018年"两会"期间，习近平总书记在参加广东代表团审议时指出，广东发展不平衡不充分问题依然存在，粤东、粤西、粤北地区经济基础薄弱，内生发展动力不强。解决这些问题，关键要靠体制机制创新。缩小粤东、粤西、粤北与珠三角的发展差距，是广东区域协调发展的紧迫任务。要从体制机制改革入手，完善省级财政转移支付体制、区域生态补偿体制、区域对口帮扶协作机制、基础设施投融资体制、基本公共服务均等化推进机制，既加大输血力度，又增强其造血功能。

2018年10月，习近平总书记在视察广东期间，要求广东加快形成区域协调发展新格局，做优做强珠三角核心区，加快珠海、汕头两个经济特区发展，把汕头、湛江作为重要发展极，打造现代化沿海经济带。要推动物质文明和精神文明协调发展，不断提升人民文明素养和社会文明程度。①

（三）"一核一带一区"的区域发展新战略

2018年6月，中共广东省委十二届四次全会提出了以功能区为引领的广东区域发展新战略，目标是形成由珠三角核心区、沿海经济带、北部生态发展区构成的"一核一带一区"发展新格局，这一全新的区域发展战略将广东区域发展格局明确划分为三大板块，各自实行差异化的功能定位和区域发展策略：一是以广州、深圳为主引擎推进珠三角核心区深度一体化；二是重点推进东西两翼沿海地区产业发展，与珠三角沿海地区深度融合，形成沿海经济带；三是把粤北山区建设成为生态发展区，以生态优先和绿色发展为引领，在高水平保护中实现高质量发展。广东"一核一带一区"新区域发展战略的提出，是认真落实习近平总书记参加十三届全国人大一次会议广东代表团审议时重要讲话精神的重大战略部署，是习近平区域协调发展理念在广东大地的具体实践与展开，呈现新的时代特点。

第一，新的区域发展战略改变单纯按地理区位划分珠三角与东西两翼、粤北山区四大经济区的传统思维，确立了以主体功能区为引领的区域协调发展新思路。一直以来广东通常按照地理位置把全省划分为珠三角与东西两翼、粤北山区四大经济区域，这样的区域划分导致东西两翼和粤北山区各自的核心功能定位不清晰。新的"一核一带一区"发展格局从全省国土空间整体发展出发，运用全新的空间分类管理思维，基于

---

① 《习近平在广东考察时强调　高举新时代改革开放旗帜　把改革开放不断推向深入》，《人民日报》2018年10月26日，第1版。

不同区域资源环境禀赋、社会经济基础和发展潜力的判断，明确了各区域的主体功能，有利于各地区充分发挥各自的综合比较优势，从而提高了全省区域发展的总体效率。具体来说，珠三角地区经济密度和人口密度均较高，与世界发达国家的经济核心区不相上下，但资源开发已接近极限，环境承载能力相对较低。因此，其主体功能定位为依托广州、深圳两大城市推进核心区的协调统筹和深度一体化，重点发展高端产业，促进产业结构优化升级。东西两翼沿海地区的地理条件优越，拥有众多天然良港，而且平原较多，潜在发展空间较大，未来应大力发展海洋经济、临港经济，大力推进新型工业化与新型城镇化进程，将汕头和湛江建成现代化沿海经济带的重要发展极，与珠三角沿海地区共同成为广东经济重点发展的地带。粤北地区作为全省最大的森林资源库和生态屏障，今后主要是作为生态功能区，在高水平保护的前提下实现绿色发展，为全省提供高质量的生态产品。"一核一带一区"新战略对各板块的主体功能进行了清晰的界定，对不同区域分别采取优化发展、重点发展和保护性发展策略，有利于各区域错位发展与分工协作，从而推动全省区域协调发展。

第二，新区域发展战略转变以往主要依靠珠三角带动外围地区梯度发展的思路，形成点线面相统一的区域发展体系，空间关系更加合理，发展路径更加多元化，也更符合各地区的实际。广东以往的区域协调发展思路主要是一种以点带点的发展策略，即通过推动珠三角地区各市的产业、技术、人才、信息等资源溢出和梯度转移，辐射带动粤东西北地区各市的发展。这些措施在一定时期取得了较好的效果，但随着广东区域发展向纵深推进，这种点对点的区域辐射带动策略就显得不够了。为此，"一核一带一区"新区域发展战略构建了一个点线面相结合的完整的区域空间体系。在这个区域发展格局中，珠三角继续充当核心区的角色，其重点任务是自身的优化提升，抓住建设粤港澳大湾区的国家战略机遇，强化自身产业综合竞争力,面向全球进行经济竞争。在此基础上,全省未来发展重点向东西两翼地区倾斜,将其培育成为下一阶段新的增长极,并通过区域一体化整合与珠三角沿海地区结点连线、串珠成链,成为推动未来广东发展的沿海经济带。这条贯穿东西的蓝色发展轴线非常重要且符合广东实际,有利于广东实现海陆统筹发展,推动广东在更大范围、更高层次上融入国家"一带一路"对外开放大战略中,从而更好地利用国际国内、两种资源、两个市场为自身的经济社会发展服务。北部生态发展区指的是将清远、河源、韶关等粤北地市作为生态发展区,形成保障全省可持续发展的重要环状扇面区域。生态发展并非禁止发展,而是在生态优先的前提下实现更高质量发展,这真正体现了"绿水青山就是金山银山"的发展理念,充分体现了对自然规律、市场规律、产业发展规律的尊重。

第三,新区域发展战略推动了更大范围、更深层次的体制机制创新。"一核一带一区"新区域发展战略仍然属于宏观层面的主体功能区划和战略布局,其核心内容是识别不同区域的主体功能,为广东不同区域未来发展指明方向,而具体到每个地市、每个县区、每个乡镇,发展方略和工作重点会有所区别,需要社会各界共同努力探索进行更大范围、更深层次的体制机制创新。为此,中共广东省委十二届四次全会明确提出,要发挥体制机制创新在构建"一核一带一区"区域发展格局中的重要作用。构建"一核一带一区"区域发展格局,缩小粤东西北与珠三角地区发展差距归根到底还是要靠改革。要加快建立健全与以功能区为引领的区域发展新格局相适应的政绩考核、转移支付、投融资、生态补偿等体制机制,为新发展格局的形成提供强有力的制度支撑。

第三章　关于城乡协调发展的重要论述和实践

改革开放 40 年来，中国经济飞速发展，GDP 规模已经居世界第二，国民收入也有很大提升，但各种发展不平衡不充分的问题也逐步凸显，城乡发展不平衡是其中最为突出的矛盾。虽然党和国家为了解决城乡发展不平衡做出了许多努力，但目前中国城乡在收入、教育、医疗和公共服务方面还有很大差距。中国城乡发展不协调的状况，是当前经济生活中存在的突出矛盾之一。

城乡差距不仅体现在收入水平之间，还体现在教育、医疗、社会保障等社会发展方面。协调城乡发展事关全局，意义重大，对全面建成小康社会和建设社会主义现代化强国有决定性的影响。习近平同志很早就关注到区域发展的不均衡问题。他在浙江工作期间，因地制宜地提出并实施了"山海协作工程"、新型城市化、城乡一体化、长三角地区一体化等一系列促进区域协调发展的重大举措，不仅促进了浙江的区域协调发展，使浙江成为全国区域协调发展领先的省份，也为习近平同志提出实施区域协调发展战略提供了重要实践基础。2003 年，习近平同志担任浙江省委书记时提出了"八八战略"，强调进一步发挥浙江的城乡协调发展优势，统筹城乡经济社会发展，加快推进城乡一体化，突出体现了他对区域协调发展的深刻思考和战略谋划。2015年5月，习近平总书记在浙江考察时指出，提高城乡发展一体化水平，要把解放和发展农村社会生产力、改善和提高广大农民群众生活水平作为根本的政策取向，加快形成以工促农、以城带乡、工农互惠、城乡一体的工农城乡关系。① 党的十八届五中全会提出了创新、协调、绿色、开放、共享五大新发展理念，城乡协调发展被列为协调发展的四项重要任务之一。党的十九大报告针对我国目前存在着的空间经济发展不平衡不充分"短板"与"弱项"，提出了继续坚持和推进区域协调发展战略、乡村振兴战略、精准扶贫战略，以建立更加有效的城乡协调发展新机制。

第一节 我国城乡发展的不平衡不充分状况

区域经济学和城市经济学理论普遍认为，在经济发展过程中，城乡间发展差距总是先逐步扩大再逐步缩小。如果城乡差距过大，就容易引发政治、社会等方面的矛盾。很多发达国家都经历了城乡差距先扩大再缩小的过程。美国就是经过了70多年的努力才基本解决了城乡发展不协调的矛盾。改革开放以来，中国经济快速发展，城乡之间呈现出非均衡的发展态势，这种不平衡引起了越来越多的关注，已经成为制约经济协调发展的重要因素。目前城乡差距的表现是多方面的，不仅有收入水平之间的差距，还有教育、医疗、社会保障等社会发展方面的差距。

一 城乡收入差距

在过去的30多年里，我国城乡之间收入分配不均衡问题一直存在且处于持续扩大中。自1978年以来，中国城乡收入比总体上经历了先

---

① 《习近平在浙江调研时强调 干在实处永无止境 走在前列要谋新篇》，《人民日报》2015年5月28日，第1版。

下降后上升的过程，在 2009 年达到顶峰后又出现下降的趋势。

分阶段来看，1978～1983 年，农村开始实行家庭联产承包责任制，国家对农产品逐渐放松了价格管制，农产品价格稳步上升，价格上升激发农民种粮的积极性，农业生产规模迅速扩大，农民人均收入大幅度提高，这一阶段城乡居民收入差距出现下降趋势。1984～1994 年，我国经济发展重心转移到城市，开始试行企业承包责任制，鼓励非公有制经济发展，企业数量快速增加，工业规模不断扩大，促进了工作岗位的增加，城镇就业进一步提升，城镇居民收入明显得到提高。1995～1997 年，一方面，城市企业改革不断深化，产业结构调整步伐加快，部分企业减产裁员，城镇居民收入有所减少；另一方面，政府提高乡村农产品的收购价格，农村居民收入得到提高，这一阶段城乡收入差距重新开始缩小。1998～2009 年，全国的工业化、城市化提速发展，城乡之间收入差距再次扩大，到 2009 年达到历史最高点。2009 年以后，中央加大对"三农"工作的支持力度，各项惠农政策得以全面落实，社会主义新农村建设和新型城镇化各项工作逐步展开，农村居民人均实际收入的年增速已经超过城市居民可支配收入的年增速，城乡收入比又重新呈现下降态势。[①]

（一）城乡消费水平的差距

居民的收入水平高低决定其消费能力的大小，城市居民收入水平高，其消费能力相应也高，农村居民收入水平低，其消费水平也会相应低。城乡居民在收入上存在的差距会相应反映在其消费上。

1990 年，中国城镇居民人均消费支出为 1278.89 元，农村居民人均消费支出为 374.74 元；2016 年城镇居民人均消费支出为 23078.90 元，农村居民则是 10129.78 元，二者分别是 1990 年的 18 倍和 27 倍，年均增

---

① 李朋朋：《中国城乡收入差距及省际比较研究》，中国知网硕士论文数据库，http://cdmd.cnki.com.cn，2015。

长速度为11.8%和13.5%，显而易见，居民的消费水平有了很大的提高。然而也出现了一个问题，即当城乡居民消费逐步增加的同时，消费差距也在进一步扩大，城乡居民消费差距从1990年的904.15元扩大到2017年的13490元。

从整体上看，目前农村居民的消费水平与10年前城镇居民的消费水平相当，这意味着农村消费落后了10年。消费差距的扩大，不利于改变我国城乡居民的消费结构，也无助于产业结构的优化升级，更不利于改变目前经济发展过于依赖出口与投资的格局。

（二）城乡消费结构的差距

消费水平的高低决定消费结构，城乡居民在消费水平上的差异必然决定其在消费结构上的差别。从2018年城乡居民消费结构比较情况来看（见图3-1），食品烟酒支出方面，城镇是7239元，农村居民是3646元；

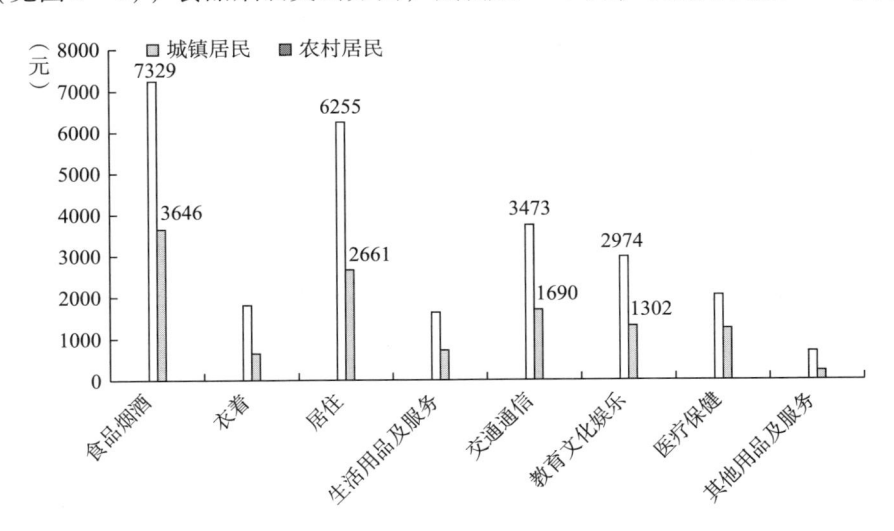

图3-1 2018年城乡居民消费结构比较

数据来源：《2018年居民收入和消费支出情况》，国家统计局网站，http://www.stats.gov.cn/tjsj/zxfb/201901/t20190121_1645791.html。

居住方面，城镇居民是 6255 元，农村居民是 2661 元；交通通信方面，城镇居民是 3473 元，农村居民是 1690 元；教育文化娱乐方面，城镇居民是 2974 元，农村居民是 1302 元。其他各项消费水平也存在明显的城乡差别。从消费结构上看，城镇居民消费集中在食品烟酒、居住、交通通信、教育文化娱乐和医疗保健等方面，吃住行玩方面的消费比较多，说明城镇居民享受型消费特征明显；农村居民消费集中在食品烟酒、居住方面，吃住的消费突出，比较注重实用性，在娱乐、时尚方面消费不突出。

二 城乡教育差距

教育是一个国家持续发展的关键。我国教育投入主要以城市为中心，忽视农村教育，城乡教育之间形成了很大差距。被视为实现社会公平的"最伟大的工具"的教育本来能够显著改善人的生存状态，增进社会公平。但由于我国城乡教育差距悬殊的原因，非但不能增进社会公平，反而会进一步加剧收入不均衡的矛盾。中国农村教育事业的落后，直接影响全民法律道德建设及整体国民素质的提高。

城乡教育差距包括教育起点差距和教育过程差距两个方面。城乡教育起点差距主要取决于城乡父代收入和家庭教育支出差距，[1] 所以可以选取家庭教育投入指标进行分析；城乡教育过程差距主要体现在城乡教育经费、办学条件、师资力量、教育内容等方面的差距，可以选取生均教育经费支出进行分析。

（一）城乡教育起点差距

家庭教育投入指标以每年家庭消费性支出中文教娱乐部分支出的金额表示。

---

[1] 陈云、王丽静：《我国城乡教育不平等与城乡收入差距的关系》，《现代教育管理》2018 年第 4 期。

课题组根据有关资料整理发现，1990年以来，城镇家庭教育投入上升速度快于农村家庭。2017年，城镇家庭教育投入为2847元，农村家庭教育投入为1171元，后者与前者相差1676元，前者是后者的2.43倍，我国城乡教育起点差距问题日趋严重。

（二）城乡教育过程差距

城乡教育过程差距体现在城乡生均教育经费支出差距。生均教育经费支出，指的是政府对每个学生的平均教育投入。因此，生均教育经费支出越多，意味着每个学生得到的教育资源就越多，单位学生的教育质量就越高。由于《中国教育经费统计年鉴2003》并未公布高中和幼儿园阶段的相关数据，此处仅分析小学和初中阶段的城乡生均教育经费支出差距。2003年，城镇小学和初中人均教育经费支出分别为1440元和1610元，均高于农村（1160元和1470元），两者差距不大；2011年，小学和初中阶段城乡生均教育经费支出较2003年增长了数倍，且初中和高中阶段的城镇生均教育经费支出低于农村，幼儿园和小学阶段城镇生均教育经费支出仍然高于农村，尤其是幼儿园阶段城镇生均教育经费支出是农村的将近两倍。这一方面反映出国家教育发展的支持力度不断加大，国家逐渐重视城乡教育不平等问题、不断加大农村教育经费支出，城乡生均教育经费支出差距在某些受教育阶段有所缩小，另一方面幼儿园和小学阶段的农村生均教育经费支出与城镇还存在较大差距。[①]

（三）形成城乡教育差距的原因

首先，教育经费投入的不公。目前，我国教育投资一般是以城市为主，重点学校为主。教育经费投入的差异，使学校的办学条件和师资力

[①] 陈云、王丽静：《我国城乡教育不平等与城乡收入差距的关系》，《现代教育管理》2018年第4期。

量差距拉大。

其次,受教育机会的差异。我国城乡居民受教育的机会仍存在差异,城乡分割办学制度使农村儿童一开始就处于劣势。随着高等教育规模的扩大,高中教育发展的不平衡和滞后,成为影响乡村居民高等教育机会获得的瓶颈。

最后,城乡间师资的差异。农村学校留不住好老师,优秀教师流向城市。现在农村地区的教师队伍整体上是严重缺编的,除了城市优越的环境因素外,面对教育经费缺乏、工资长期拖欠、社会福利不公,枯燥乏味的农村学校成了优秀教师的培训基地。[①]

三 城乡医疗差距

医疗卫生服务是政府基本公共服务供给的重要组成部分,医疗卫生事业的相对公平是关系社会和谐发展的重要问题,也是当前供给侧结构性改革的重要领域之一。

城乡医疗卫生同样存在巨大的差异,城市居民能够享受到更优质的卫生物力资源,而农村居民则缺乏基本的卫生物资,缺医少药的现象仍然存在。2014年,我国医疗机构总量为981432个,其中医院数为25860个,乡镇卫生院数为36902个。城镇医疗机构床位数总数小于农村医疗机构床位数,但城镇人均医疗机构床位数高于农村。2009~2014年我国城乡千人医疗机构床位数,以及城乡医疗卫生从业人员占有量的变化见表3-1和表3-2。

表3-1 2009~2014年城乡千人医疗机构床位数变化

年 份	城 镇（个）	农 村（个）	城镇/农村
2009	5.54	2.41	2.3

---

① 邬越、陈恒:《农村教师队伍建设面临的困境及其破解》,《教育探索》2009年第8期。

续表

年份	城镇（个）	农村（个）	城镇/农村
2010	5.94	2.60	2.28
2011	6.24	2.80	2.23
2012	6.88	3.11	2.21
2013	7.36	3.35	2.20
2014	7.84	3.54	2.21

数据来源：历年《中国卫生和计划生育统计年鉴》。

表3-2 2009~2014年城乡医疗卫生从业人员占有量变化

单位：人

年份	千人卫生技术人员数			千人执业医师数			千人注册护士数		
	城镇	农村	城乡比	城镇	农村	城乡比	城镇	农村	城乡比
2009	7.15	2.94	2.43	2.83	1.31	2.16	2.82	0.81	3.48
2010	7.62	3.04	2.51	2.97	1.32	2.25	3.09	0.89	3.47
2011	6.68	2.66	2.51	2.62	1.10	2.38	2.62	0.79	3.32
2012	8.54	3.41	2.50	3.19	1.40	2.28	3.65	1.09	3.35
2013	9.18	3.64	2.52	3.39	1.48	2.29	4.00	1.22	3.28
2014	9.70	3.77	2.57	3.54	1.51	2.34	4.30	1.31	3.28

数据来源：历年《中国卫生和计划生育统计年鉴》。

我国当前城乡基本医疗卫生服务人力资源配置水平差距较大，优秀的卫生人才都集中于大中型城市，农村的卫生人力资源则非常匮乏。虽然医疗人力资源总规模表现为不断增加的趋势，但城乡之间的千人卫生技术人员数之比、千人执业医师数之比和千人注册护士数之比都没有太大变化，这说明城乡医疗人力资源的差距未得到有效改善，从人力资源配置数量看，我国城乡医疗卫生人力资源数量差距非常明显。其中城乡注册护士的差距大于城乡执业医师的差距，表明我国卫生人力资源城乡非均衡配置存在结构性问题。[①]

[①] 杨林、李思赞：《城乡医疗资源非均衡配置的影响因素与改进》，《经济学动态》2016年第9期。

农村人口众多，农村卫生医疗财政资金的缺位，导致农村和城市的医疗卫生资源配置比例严重失调；区域间的经济发展不平衡，更加重了落后地区农民承担医疗卫生费用的负担。

四 城乡社会保障差距

社会保障作为一项重要的社会制度和收入分配制度，起着维护收入公平，缩小贫富差距的重要调节作用。社会保障水平的城乡差距将影响其调控作用的发挥，会反向扩大城乡的贫富差距，进而也不利于城乡关系的均衡协调。现代社会保障的核心价值理念是公平、正义、共享，这体现了社会保障水平对公平正义环境的重要性。然而，我国目前城乡社会保障水平存在较大差距，农村地区社会保障覆盖范围、保障力度等都滞后于城市，这妨碍了公平正义社会环境的形成。[①]

现阶段我国社会保障制度城乡差距的表现主要有以下几个方面。

一是保障范围。目前，城镇的社会保障体系比较健全，而且保障范围几乎覆盖所有城镇户籍人口，包括养老保险、医疗保险、工伤保险、失业保险和生育保险等基本社会保险，以及低保制度、医疗救助和流浪人口救助等社会救助制度，还包括各种社会福利，比如公共交通、社区服务、居家养老和各种公共文化体育设施等。而农村的社会保障制度仍然十分有限，已经运作成熟的制度主要有新农合、农村低保制度和五保供养、优抚安置等，其他社会福利除了义务教育和孤儿收养外，几乎没有。

二是保障水平。无论是城镇职工还是城镇居民都享受着较高水平的社会保障服务，而农村居民的保障水平远不如前者。以养老保险待遇为例，2012年全国城镇居民养老保险待遇平均水平约为2300元/年，新农保待遇平均水平约为700元/年，城市约为农村的3.3倍。就低保待遇而言，从2006年到2013年，城乡低保标准之比稳定在2.5倍左右，2013

---

① 余尤骋：《我国社会保障水平城乡差距的应对之道》，《农业经济》2018年第5期。

年全国城乡低保标准分别为每人每年3170.4元和1394元。城市低保待遇是农村的2.28倍,差距依然很大。①

城乡社会保障水平出现较大差距,主要是以下几个原因。

一是受城乡二元经济社会体制的影响。中国城乡二元分割的经济社会管理体制导致了城乡之间流动困难,城乡的教育、医疗、福利等服务都存在明显的差距,导致了城乡社会保障水平的不均衡。二是城乡经济发展不平衡。中国历来对城市的财政投入明显大于农村地区,这种财政投入的差异导致了社会保障水平的差异。三是制度变迁存在的路径依赖性。城市一直是改革与发展的重心,而社会保障水平又是经济发展的重要配套要素。与此同时,农村地区的社会保障制度长期不受重视,这使得农村社会保障水平逐渐落后。四是特殊国情。改革开放前,基于国情和国家经济实力,政府选择优先保障城市的社会保障水平,而在农村地区实施"集体+家庭"的社会保障模式,这种模式对农村地区的社会保障仅限于基础的灾害救济,而不存在更多的社会保障责任与义务。改革开放后,政府在农村地区实施家庭联产承包责任制,部分地区的农村集体经济发展迟缓,原来的农村社会保障水平也随之下降,政府并没有及时在农村建立有效的社会保障制度,使部分农村居民的社会保障一直处于空白。以上种种原因均使得城乡地区社会保障水平差距难以缩小。②

习近平总书记一直关注如何解决这些城乡差距过大的问题,他在2017年中央经济工作会议上提出,区域协调发展的三大目标是实现基本公共服务均等化,基础设施通达程度比较均衡,人民生活水平大体相当。③他在2016年的新年贺词中说,"全面建成小康社会,13亿人要携

---

① 穆怀中、沈毅、樊林昕、施阳:《农村养老保险适度水平及对提高社会保障水平分层贡献研究》,《人口研究》2013年第3期。
② 常忠哲:《建国以来中国社会保障制度城乡差距研究及统筹思路》,硕士学位论文,甘肃农业大学,2016。
③ 《区域协调发展明确三大目标》,人民网,http://theory.people.com.cn/n1/2017/229/c40531-29735242.html,2017年12月29日。

手前进。让几千万农村贫困人口生活好起来，是我心中的牵挂。我们吹响了打赢扶贫攻坚战的号角，全党全国要勠力同心，着力补齐这块短板，确保农村所有贫困人口如期摆脱贫困。对所有困难群众，我们都要关爱，让他们从内心感受到温暖"。① 2018年2月23日，习近平总书记在大凉山视察调研时说，全面建成小康社会一个民族、一个家庭、一个人都不能少。

第二节　关于城市化和城乡融合发展的论述与实践

城乡发展的不平衡和农业农村发展的不充分问题成为我国亟待解决的矛盾之一。党中央早在21世纪初就着手开始对城乡关系做出重大调整。2002年，党的十六大提出统筹城乡发展；2007年，党的十七大提出城乡一体化；2012年，党的十八大把城乡发展一体化作为党和国家的工作重心之一；2017年，党的十九大明确提出建立健全城乡融合发展的体制机制和政策体系。

从"统筹城乡发展"，到"城乡发展一体化"，再到"城乡融合发展"，本质上是一脉相承的，但在内容上体现出党中央对城乡发展失衡问题的重视程度不断提高，对于构建新型城乡关系的思路不断升华。2015年，习近平总书记在云南考察时指出，要坚持城乡统筹发展，坚持新型工业化、信息化、城镇化、农业现代化同步推进，实现城乡发展一体化。② 2015年，习近平总书记在中共中央政治局第二十二次集体学习时强调，推进城乡发展一体化，是工业化、城镇化、农业现代化发展到一定

---

① 《习近平主席新年贺词（2014—2018）》，人民出版社，2018，第12页。
② 《习近平在云南考察工作时强调　坚决打好扶贫开发攻坚战　加快民族地区经济社会发展》，《人民日报》2015年1月22日，第1版。

阶段的必然要求，是国家现代化的重要标志。① 此后，习近平总书记在多处场合都强调了城乡发展一体化在促进城乡协调发展中的地位。

一 城乡融合发展论述的丰富内涵

2013年7月22日，习近平总书记在湖北省鄂州市长港镇峒山村考察农村工作并同部分村民座谈时指出，农村绝不能成为荒芜的农村、留守的农村、记忆中的故园。城镇化要发展，农业现代化和新农村建设也要发展，同步发展才能相得益彰，要推进城乡一体化发展。……我们既要有工业化、信息化、城镇化，也要有农业现代化和新农村建设，两个方面要同步发展。要破除城乡二元结构，推进城乡发展一体化，把广大农村建设成农民幸福生活的美好家园。② 2015年5月，习近平总书记在浙江调研时指出，提高城乡发展一体化水平，要把解放和发展农村社会生产力、改善和提高广大农民群众生活水平作为根本的政策取向，加快形成以工促农、以城带乡、工农互惠、城乡一体的工农城乡关系。③ 习近平总书记的这一系列讲话为城乡融合发展指明了方向。

城乡融合的内容包括以下方面。

一是城乡空间融合。城乡空间融合是在保存城市和乡村两种地域形态的前提下，城市与乡村吸收对方的优点并相互渗透，城市要有美景与良好的生态，乡村要基础设施健全与生活便利。

二是城乡经济融合。城乡经济融合是城乡融合的核心，其目标就是突破城乡二元结构的束缚，形成各有侧重、有机组合的区域经济整体。其中，城乡产业融合是城乡经济融合的关键。产业融合是指通过城市和乡村产业

---

① 《习近平在中共中央政治局第二十二次集体学习时强调　健全城乡发展一体化体制机制　让广大农民共享改革发展成果》，《人民日报》2015年5月2日，第1版。
② 《习近平在湖北考察改革发展工作时强调　坚定不移全面深化改革开放　脚踏实地推动经济社会发展》，《人民日报》2013年7月24日，第1版。
③ 《习近平再回浙江：干在实处、走在前列有哪些新要求？》，人民网，http://cpc.people.com.cn/xuexi/n/2015/0528/c385474-27070773.html，2015年5月28日。

的协调，形成一个优势互补、分工合理、发展协调的产业布局体系。

三是城乡基础设施建设融合。把城市和农村作为一个有机整体，不断加大农村基础设施投入，在交通运输、邮电通信、供电供水等生产性设施和科技教育、卫生文化、金融保险等公共生活服务设施等方面实现一体化。

四是城乡公共服务融合。城乡公共服务均等化是城乡融合的关键。针对农民养老和就业等历史和现实难题，加大政府投入，积极推进城乡教育、医疗和社会保障一体化。

五是城乡生态环境融合。城乡生态环境融合是指城乡物质和能量循环途径完善，信息传递渠道通畅，严格控制污染源，使城市生态环境乡村化，乡村环境城市化。①

2015年4月30日，习近平总书记在中共中央政治局就健全城乡发展一体化体制机制进行第二十二次集体学习时指出，"要完善规划体制，通盘考虑城乡发展规划编制，一体设计，多规合一，切实解决规划上城乡脱节、重城市轻农村的问题"。② 习近平总书记在此次集体学习时同时指出，"推进城乡发展一体化要坚持从国情出发，从我国城乡发展不平衡不协调和二元结构的现实出发，从我国的自然禀赋、历史文化传统、制度体制出发，既要遵循普遍规律、又不能墨守成规，既要借鉴国际先进经验、又不能照抄照搬。要把工业和农业、城市和乡村作为一个整体统筹谋划，促进城乡在规划布局、要素配置、产业发展、公共服务、生态保护等方面相互融合和共同发展。着力点是通过建立城乡融合的体制机制，形成以工促农、以城带乡、工农互惠、城乡一体的新型工农城乡关系，目标是逐步实现城乡居民基本权益平等化、城乡公共服务均等化、城乡

---

① 徐志明：《以城乡融合推动城乡建设高质量》，《群众》2018年第3期。
② 《习近平在中共中央政治局第二十二次集体学习时强调　健全城乡发展一体化体制机制　让广大农民共享改革发展成果》，《人民日报》2015年5月2日，第1版。

居民收入均衡化、城乡要素配置合理化,以及城乡产业发展融合化"。①

二 当前城乡融合发展存在的问题

第一,城乡二元经济问题严峻。城乡二元结构是制约城乡融合发展的主要障碍。虽然近年来农业劳动生产率不断提高,城乡二元经济问题不断改善,但改善程度有限,部分地区甚至出现城乡二元经济问题恶化趋势。因此,习近平总书记2013年7月22日在湖北省鄂州市长港镇峒山村考察农村工作并同部分村民座谈时指出,要破除城乡二元结构,推进城乡发展一体化,把广大农村建设成农民幸福生活的美好家园。②

第二,城乡要素自由流动受限。要素在城乡之间的流动受到诸多限制,要素价格扭曲和市场分割现象仍然存在,严重制约城乡融合发展顺利进行。一是农民进城的门槛依然较高。21世纪以来,虽然户籍制度改革以及城市就业、社会保障等制度改革改善了农民向城市流动的环境,也降低了农民在城市就业和居住的成本,但促使农民家庭整体迁入城市的综合环境依然没有改善,特别是城市的住房、医疗、子女教育等制度成为农民在城市定居的重要限制条件。二是城乡金融市场存在制度樊篱,资金缺乏有效的双向流动。特别是银行商业化改革以来,城乡金融机构分布更加失衡,现存农村金融机构有效供给不足,农村资金外流严重,对农业农村的发展造成负面影响。三是土地财政以及城乡二元土地市场刺激了城市蔓延扩张,土地城镇化速度快于人口城镇化速度。其结果一方面造成了土地利用的低效率,另一方面也使农民无法同等分享城镇化发展的好处,加剧了城乡发展不平衡。

第三,城乡基本公共服务差距过大。近年来,我国城乡基本公共服

---

① 《习近平在中共中央政治局第二十二次集体学习时强调 健全城乡发展一体化体制机制 让广大农民共享改革发展成果》,《人民日报》2015年5月2日,第1版。
② 《习近平在湖北考察改革发展工作时强调 坚定不移全面深化改革开放 脚踏实地推动经济社会发展》,《人民日报》2013年7月24日,第1版。

务均等化取得了显著成效，城乡居民在医疗保障、义务教育以及基本养老保险方面均实现了制度全覆盖，但是，城乡基本公共服务标准差距依然较大，其中教育发展不均衡和卫生发展不均衡是主要短板。①

第三节　新型城镇化战略与乡村振兴战略

正如习近平总书记指出的，城镇化要发展，农业现代化和新农村建设也要发展，同步发展才能相得益彰。② 因此，推进乡村振兴和新型城镇化战略也要同步推进。2013 年 12 月，习近平总书记在中央城镇化工作会议上指出："城镇化与工业化一道，是现代化的两大引擎。走中国特色、科学发展的新型城镇化道路，核心是以人为本，关键是提升质量，与工业化、信息化、农业现代化同步推进。……要以人为本，推进以人为核心的城镇化，提高城镇人口素质和居民生活质量，把促进有能力在城镇稳定就业和生活的常住人口有序实现市民化作为首要任务。"③ 2016 年，习近平总书记对深入推进新型城镇化建设做出重要指示强调，城镇化是现代化的必由之路。要坚持以创新、协调、绿色、开放、共享的发展理念为引领，以人的城镇化为核心，更加注重提高户籍人口城镇化率，更加注重城乡基本公共服务均等化，更加注重环境宜居和历史文脉传承，更加注重提升人民群众获得感和幸福感。要遵循科学规律，加强顶层设计，统筹推进相关配套改革，鼓励各地因地制宜、突出特色、大胆创新，积极引导社会资本参与，促进中国特色新型城镇化持续健康发展。④ 习近

---

① 张海鹏：《当前城乡融合发展存在的主要问题及对策思考》，思客，http://sike.news.cn/statics/sike/posts/2018/01/219528535.html，2018 年 1 月 4 日。
② 《筑好康庄大道　共圆小康梦想——习近平总书记关心农村公路发展纪实》，《人民日报》2014 年 4 月 29 日，第 2 版。
③ 《中央城镇化工作会议在北京举行》，《人民日报》2013 年 12 月 15 日，第 1 版。
④ 《习近平对深入推进新型城镇化建设作出重要指示》，人民网，http://politics.people.com.cn/xuexi/n1/2016/0223/c1024-28144199.html，2016 年 2 月 23 日。

平总书记的讲话是新型城镇化发展道路的行动指南。

一 新型城镇化战略

城镇化是伴随工业化发展，非农产业在城镇集聚、农村人口向城镇集中的自然历史过程，是人类社会发展的客观趋势，也是国家现代化的重要标志，城镇化对于中国来说是全面建成小康社会和追求中国梦的必然产物。城镇化对中国经济的持续发展特别是内需增长具有巨大的推动力，并对破解二元结构有着十分积极的作用。改革开放40年来，随着经济的发展，我国的城镇化水平也在不断提高，从1978年的17.9%上升到2017年的58.5%，年均提高1个百分点左右，取得了非常大的发展成就。但是在发展过程中仍然存在许多问题，如城镇发展不均衡、流动人口融入城市化程度低、农村发展滞后、土地城镇化快于人口城镇化、土地资源浪费、城市病问题严重等。这表明城镇化发展目标与速度也有待进一步调整、优化，传统城镇化道路与我国国情不符，亟待转型。对于我国这种人口规模巨大、疆域辽阔并且区域差异显著的发展中大国，亟须寻找一条更适合的城镇化道路。

2013年12月，中央城镇化工作会议强调，在我们这样一个拥有十四亿人口的发展中大国实现城镇化，在人类发展史上没有先例。粗放扩张、人地失衡、举债度日、破坏环境的老路不能再走了，也走不通了。在这样一个十分关键的时刻，必须走出一条新型城镇化道路，切实把握正确的方向。党的十八届三中全会通过的《中共中央关于全面深化改革若干重大问题的决定》明确提出，要完善传统城镇化发展的体制，加快推进以人为本，以大中小城市和小城镇协调发展为目标的，具有中国特色的新型城镇化道路。《国家新型城镇化规划（2014-2020年）》对我国城镇化发展路径提出了明确要求，概括起来：第一是在提高质量上下功夫，提升城镇化建设含金量；第二是在转型升级上下功夫，优化发展方式；

第三是转变观念上下功夫，坚持人的城镇化；第四是在加快创新上下功夫，完善传统城镇化发展的体制机制，走以人为本、功能完善、社会稳定、生态保护、和谐健康、文化传承的具有中国特色的新型城镇化道路。所谓的新型城镇化道路的"新"主要体现在四个方面：一是要坚持以人为本，二是要强调生态保护，三是要完善城镇，四是要注重文化传承，这"四新"都离不开城镇人居环境的建设和优化。随着新型城镇化的快速推进，人居环境的建设和优化显得尤为重要，在新的历史时期，人居环境建设承担着艰巨的任务。

新型城镇化是21世纪中华民族自立世界民族之林，实现中国梦的重要组成部分，人民对美好生活的向往，就是我们的奋斗目标。拥有整洁、绿色、舒适、和谐、宜居的城镇人居环境，是当前"人民对美好生活的向往"中的重要部分，民之所望为施政所向。2015年，习近平总书记视察云南省大理白族自治州大理市湾桥镇古生村时强调，新农村建设一定要走符合农村实际的路子，遵循乡村自身发展规律，充分体现农村特点，注意乡土味道，保留乡村风貌，留得住青山绿水，记得住乡愁。经济要发展，但不能以破坏生态环境为代价。生态环境保护是一个长期任务，要久久为功。城乡统筹基础上的新型城镇化，是新时期实现美好中国梦的重要动力、重要载体和必由之路。积极稳妥推进新型城镇化，就必须着力改善和提高群众的居住环境，建设宜居、宜家、宜业的新型城镇。

（一）新型城镇化概念辨析

所谓新型城镇化，是指坚持以人为本，推动城市现代化、城市集群化、城市生态化、农村城镇化，全面提升城镇化质量和水平，新型城镇化是对过去快速城镇化的一些理念和做法进行调整。走新型城镇化道路，是全面建设小康社会的必然要求，未来几年是全面建设小康社会的决定性阶段。

走新型城镇化道路,是转变我国经济发展方式的必然要求。新型城镇化,不但会让城镇提升劳动力素质,而且可以促进城镇经济结构战略性调整。转移劳动力市民化,可以让劳动者更加稳定,彻底解决民工荒和劳动力结构失衡问题。通过转移劳动力培训和工作积累,形成稀缺的人力资本,增强经济发展后劲。转移农业劳动力市民化,也会拉动消费,扩大需求,促进城镇产业发展。

走新型城镇化道路,可以更好地解决我国经济社会发展中的突出矛盾。新型城镇化,能够更好地维护拆迁户和被征地农民的权益,减少利益冲突。推行新型城镇化,让城镇更加宜居,让市民生活更有质量,这更加符合广大市民的期待。

新型城镇化对中国经济社会发展具有重大战略意义。习近平总书记强调城镇化是现代化的必由之路,新型城镇化建设一定要站在新起点,取得新进展。要坚持以创新、协调、绿色、开放、共享的发展理念为引领,以人的城镇化为核心,更加注重提高户籍人口城镇化率,更加注重城乡基本公共服务均等化,更加注重环境宜居和历史文脉传承,更加注重提升人民群众获得感和幸福感。要遵循科学规律,加强顶层设计,统筹推进相关配套改革,鼓励各地因地制宜、突出特色、大胆创新,积极引导社会资本参与,促进中国特色新型城镇化持续健康发展。[①]

李克强总理曾做出批示指出,城镇化是现代化的必由之路,是我国最大的内需潜力和发展动能所在。各地区、各部门要牢固树立五大发展理念,按照统筹城乡发展的要求,围绕稳增长、调结构、惠民生,紧紧抓住人的城镇化这个核心和提高质量这个关键,用改革的办法和创新的精神,全面推进新型城镇化建设,着力推动农业转移人口市民化,着力增加适应居民需求的公共产品和公共服务供给,着力构建与农业现代化

---

① 《习近平对深入推进新型城镇化建设作出重要指示》,人民网,http://cpc.people.com.cn/n1/2016/0223/c64094-28144233.html,2016年2月23日。

相辅相成、相互促进的体制机制，惠及更多城乡群众，为促进经济中高速增长注入强劲动力。

理解与认识中国特色新型城镇化道路，需要辨析"城镇化"与"城市化"、"新型城镇化"与"传统城镇化"等概念的区别之处。

1. "城镇化"与"城市化"

一种观点认为，两者都是对英语"urbanization"一词的不同译法，并无实质性差别。以前我国一般都是用"城市化"这种说法，2000年10月党的十五届五中全会通过的《中共中央关于制定国民经济和社会发展第十个五年计划的建议》中使用了"城镇化"一词，2002年党的十六大正式提出"走中国特色城镇化道路"，此后理论界和实践方面均用"城镇化"替代了"城市化"的表述方式，之所以出现这种变化主要是考虑"城镇化"内涵更加符合我国的实际。实际上城镇化就是中国特色的城市化，具有比较强的政策导向。

另一种观点认为，"城镇化"与"城市化"表述内容有很大差别，两者在集聚和辐射的主体、发展指向等方面存在明显区别。"城市化"更加侧重大城市的发展，城市化就是城市不断发展完善、乡村人口不断向城市人口转变、由乡村型社会不断向城市型社会转变的历史过程，它强调人口与经济社会活动在城市的集聚。"城镇化"更侧重于中小城市和小城镇的发展，英语的 Urban 既包括城市（city）也包括城镇（town），所以城市化既可以是通过人口从农村向城市集中，在城市发展二三产业来吸纳农业人口的过程，也可以表现为人口从农村向城镇集中。由于中国人口众多，仅仅发展城市不可能实现大量乡村人口向城市的转移，在加快城市发展的基础上大力发展小城镇，通过小城镇吸纳大量的乡村人口，并在战略上将城市与小城镇的发展融入一体，就出现了城镇及城镇化的提法。中国未来的发展道路仍然不可避免的应当是中国特色的"城镇化"而不是"城市化"。

一字之差，反映了对城市化道路的两种认识，中国理论界曾经出现过延续近20年的讨论。在讨论中，持"城镇化"观点的人认为中国特色的城市化道路是以小城镇为主的道路；持"城市化"观点的人则认为中国的城市化道路要以"城市"为主，小城镇不能成为支撑中国城市化和现代化的主要空间载体。我国城镇化的发展道路也随着对"城市化"和"城镇化"概念的理解不同而经历了三个不同的发展阶段：第一阶段是改革开放前，服从于重工业超前发展的国家战略，中国城市产业以重化工业为主，与重工业规模化发展的基本特征相适应，中国城市也走了一条以大城市为主的城市化道路。第二阶段是改革开放以后到20世纪90年代中期，中国走了一条以小城镇为主的城市化道路。第三阶段是20世纪90年代中期以后，中国城市化逐渐要走一条以城市群为主体、大中小城市和小城镇协调发展的道路。

2. "新型城镇化"与"传统城镇化"

传统城镇化"重城轻乡""重工轻农"，导致城乡分割严重、差距拉大，农村的萧条与大城市病并存。新型城镇化是以城乡统筹、城乡一体、产城互动、节约集约、生态宜居、和谐发展为基本特征的城镇化，是大中小城市、小城镇、新型农村社区协调发展、互促共进的城镇化。"新型城镇化"的"新"并不是指时间或空间上与过去的城镇化截然不同，而是指在城镇化的理念、空间形态、发展模式、城镇建设管理及城乡关系等方面有了重大的改变。

"新型城镇化"与"传统城镇化"相比，在发展理念上，更加注重城镇化质量，后者以物为本，注重GDP增长和财富增长，前者以人为本，注重人的幸福和全面发展，注重人与人的和谐和与自然的共生；在空间形态上，后者是"摊大饼"式无序蔓延，注重产业功能空间扩张，忽视生活功能空间配套和完善，更加注重、促进特大、大、中、小城市及小城镇协调发展，前者则是科学布局，空间紧凑组团化，更加强调居住和生活空间的营造和完善；在城镇化发展模式上，后者是粗放、外延式发展，注重城市规模扩张，前者是集约、内涵式发展，注重城市质量提升；在城镇建设管理上，后者是贪大求全，资源大量消耗，环境恶化，千城一面，缺乏特色，重建设轻管理服务，前者是环境友好，优美宜居，更加注重文化保护、彰显地方特色，让居民望得见山、看得见水、记得住乡愁，基本公共服务有保障，注重城市管理服务；在城乡关系上，后者是城乡对立，二元分割，城市繁荣，乡村凋敝，外来人口的半城镇化，前者是统筹城乡，城乡共赢，公共服务均等，共同富裕，外来人口融合、市民化；在区域关系上，后者是单兵作战，各自为政，恶性竞争，前者是区域合作，协同发展。

（二）新型城镇化的内涵

中国的新型城镇化既包含对过去传统城镇化道路经验教训的总结，也包含对西方发达国家城镇化过程中出现的问题的思考和规避，更包含对未来中国特色城镇化前景的新设想。新型城镇化内涵十分丰富，主要有以下几点。

一是人的城镇化。新型城镇化不再是传统意义上的"土地城镇化"，而是从过去的"物"的城镇化转变为"人"的城镇化。习近平总书记指出，"要加快推进户籍制度改革，完善城乡劳动者平等就业制度，逐步让农业转移人口在城镇进得来、住得下、融得进、能就业、可创业，维护好农民工合法权益，保障城乡劳动者平等就业权利"。[1] 习近平总书记还强调，推进城镇化的首要任务是促进有能力在城镇稳定就业和生活的常住人口有序实现市民化。[2] 城镇化的主要方面是指农村人口持续向城镇集聚的过程，无论是从地理学、环境学、社会学、人口学还是从城市规划

---

[1] 中共中央文献研究室编《习近平关于社会主义社会建设论述摘编》，中央文献出版社，2018，第85页。
[2] 《习近平在中共中央政治局第二十二次集体学习时强调　健全城乡发展一体化体制机制　让广大农民共享改革发展成果》，《人民日报》2015年5月2日，第1版。

学的角度来审视这一过程，人都是其核心。新型城镇化不再只是传统意义上的城市规模拓展、城市人口增长，它更是一种社会形态和生活方式的改变。首先是人口的城镇化，即人口在城市的集聚。城镇化就是人口向城镇不断集中，数以亿计的农民不断转变为市民的过程。没有一定的人口规模，既不能有效地聚拢人气，也不能带动城镇物流餐饮、商业、教育和其他现代服务业的发展。借鉴经济发达国家城市化过程中的经验教训，我国应走出一条具有中国特色的城镇化发展道路，即大中小城市和小城镇协调发展的道路。其次是人的生活方式的城镇化。指转移到城镇的原农村人口的原有劳动就业、经济关系、社会交往、生活消费方式、精神生活方式及休闲娱乐等方式向城镇生活方式转变的过程。新型城镇化不只是农村人口在城镇地理空间上的集聚，也不是指农业户籍的非农化，它是农村人口在生活观念、生活态度、生活内容也就是生活方式的非农化转变，包含"活动主体""活动条件""活动形式"等向城镇化的转变。

二是空间的城镇化。城镇化是经济、文化、人力资本、信息技术等社会资源在城市集合的过程。为了承载一定的人口及产业，城镇必须拥有一定的建成区面积，建有道路、交通、通信、电力、商业、教育、文化、休闲、娱乐等公共基础设施，以满足各行业生产经营和城镇居民生活之需要。《国家新型城镇化规划（2014－2020年）》指出，"优化布局、集约高效"是新型城镇化的发展原则，城镇化空间要有利于节约集约资源利用，提高资源利用效率。

三是经济和产业的城镇化。习近平总书记于2013年3月8日同出席十二届全国人大一次会议的江苏代表一起审议政府工作报告时强调，我们搞城镇化不能单兵突进，而是协同作战，做到工业化和城镇化良性互动，城镇化和农业现代化相互协调。缺乏产业的城镇化是没有前途的，其结果是农民"洗脚上楼"。城镇化的支点在于经济的发展和经济规模的扩大,以及经济增长质量的提升和内生活力的激发。没有一定的经济规模就不能吸纳更多的人口就业,而一个纯粹的消费型城市其自身也不可能获得可持续的发展。人口城镇化是城镇化的表象,经济的城镇化才是城镇化的核心内容。产业的城镇化与经济的城镇化具有极为密切的联系,没有主导产业或产业集群的强有力支撑,城镇化就缺乏物质基础。新型城镇化不仅注重城市规划与发展,而且更强调产城融合发展。产城互动融合就是将产业功能、城市功能、生态功能融为一体、良性互动、共同发展,这是新型城镇化建设的应有之义和必然选择。只有经济、科技和产业的发展,才能带来就业,才能提高人们的收入,才能吸引更多的人来到城市。为此,新型城镇化将推动以工促农,促进城镇化与工业化、信息化及农业现代化的同步协调发展。新型城镇化建设要坚持产业为基、就业为本。产业是城市发展的支柱和动力源泉,城市是产业发展的载体和依托,两者相辅相成、相互促进、不可分割。

四是公共服务和社会治理的城镇化。在传统城镇化过程中,虽然许多农民进城生活在城镇,但因为没有城镇户口,因而无法享受城镇的基本公共服务。新型城镇化的核心是"人"的城镇化,其目的是让农村的居民也能像城市居民一样享受到城市生活的基础设施和公共服务,享受到城市居民的生活质量和幸福感,最终实现强国富民的"中国梦"。2013年6月《国务院关于城镇化建设工作情况的报告》明确指出,我国要全面放开小城镇和小城市落户限制,大量农村居民可以顺利进入城镇,同时加快推进基本公共服务均等化,让更多的人广泛地享受社会资源与经济发展带来的福利,使农村转移人口真正融入城镇。实现基本公共服务均等化是维护公民基本权利、共享改革发展成果、实现社会公平正义的重要途径。

五是人居环境城镇化。以人为本的城镇化,必须为城镇居民提供完善的公共设施与服务,又要建设宜居的生活环境,新型城镇化的目标——改善民生、发展民生,其最直接的体现就是城镇人居环境的建设水平。习近平总书记指出,推进农村人居环境整治,继续推进社会主义新农村建设,为农民建设幸福家园和美丽乡村。人居环境是城镇居民生产、生活的重要基础与载体,人居环境的优劣直接决定了城镇居民的生活质量,良好的人居环境也是城镇可持续发展的重要保障。新型城镇化的目的是实现"城市让生活更美好",《国家新型城镇化规划(2014-2020年)》提出,要实现"城市生活和谐宜人"的发展目标。推进新型城镇化必须始终坚持以人为核心,树立城市建设与发展就是改善民生的理念,从满足人的生存和发展需求出发,配置城市功能元素,打造优良的宜居环境,全面改善人居环境,提升城市品位,让居民过上高质量的生活,提高幸福指数。建设绿色、生态、宜居的新型城镇化,调整优化空间布局,全面促进资源节约,加大对自然生态系统和环境保护的力度,形成节约资源和保护环境的空间格局和产业结构,提高发展的质量。

城镇化不是简单的城市人口比例增加和面积扩张,只有劳动力的非农业化和劳动力的空间转移并不是真正意义上的城市化,而是要在产业支撑、人居环境、社会保障、生活方式等方面实现由"乡"到"城"的转变。仅有人口的集聚和产业的优化,而不能让进城农民享有基本的公共服务,没有生活质量的提升、人居环境的改善也称不上高质量的城镇化。

(三)新型城镇化的特点

新型城镇化是以城乡统筹、产城互动、节约集约、生态宜居、和谐发展为基本特征的城镇化,是大中小城市、小城镇、新型农村社区协调发展、互促共进的城镇化。综合来看,新型城镇化体现出以下几个特点。

一是以人为本。习近平总书记强调新型城镇化的核心是以人为本。[①]

---

① 《专家:习近平提出新型城镇化"道路"关键是急群众之所急》,中国共产党新闻网,http://cpc.people.com.cn/xuexi/n/2015/1207/c385474-27896462.html,2015年12月7日。

传统城镇化把物质财富的增加作为追求目标。新型城镇化以人的城镇化为核心,让更多农民到城镇定居并享受现代物质文明和精神文明是新型城镇化的根本目的,推进人的全面发展和社会公平正义和谐,以人为本是对传统城乡二元结构的突破。要推动形成城乡基本公共服务均等化体制机制,特别是要加强农村留守儿童、妇女、老人关爱服务体系建设。要加快推进户籍制度改革,完善城乡劳动者平等就业制度,维护好农民工合法权益,保障城乡劳动者平等就业权利。人是城镇化的主体,要让更多的农民能够在城市里落得下、生活好、有尊严。党的十九大报告指出,我国现阶段社会主要矛盾已经转化为人民日益增长的美好生活需要和不平衡不充分的发展之间的矛盾。城镇在居住条件、商业便利、教育水平、医疗保障、公共服务、文化生活、体育娱乐等方面整体上远远优于农村。城镇化的发展可以让更多的农村人口享受这些生活工作等便利条件,让城乡居民共享美好新生活。习近平总书记特别强调,党中央的政策好不好,要看乡亲们是笑还是哭。如果乡亲们笑,就是好政策,要坚持;如果有人哭,说明政策还要完善和调整。[①]

二是产城融合。新型城镇化要坚持产业为基、就业为本的建设方针。城市是产业发展的载体和依托,产业是城市发展的支柱和动力源泉,两者相互促进、相辅相成。改革开放以来,随着城市化的快速发展,城市规模不断扩大,城市人口急剧上升,交通拥堵、城市环境污染等各种城市病日益突出,城市扩张出现"摊大饼"的发展方式,一些地方出现"空城"和"睡城",产生了"产"和"城"分离现象。产城融合发展就是要在城镇化建设中统筹考虑产业与就业,将城市生活半径与就业半径相结合,增强产业集群和居民生产生活配套服务功能,减少交通和环境压力。

三是高效、集约、低碳、绿色。新型城镇化将生态文明理念全面融

[①] 《习近平考察贵州:政策好不好 要看乡亲们是哭还是笑》,新华网,http://www.xinhuanet.com//politics/2015-06/17/c_1115638309.htm,2015年6月17日。

第三章　关于城乡协调发展的重要论述和实践

入城镇发展过程，构建节约集约、环境友好的内涵式增长道路，实现人口、经济、资源和环境相协调。首先，产业发展和城镇建设要节约集约利用土地、水和能源等资源，强化资源循环利用，发展环境友好型产业，推动环境友好型生产改造，降低污染排放。其次，增加绿地、林地面积，突出城市生态建设，推动城市与自然、人与城市环境和谐相处，建设生态城市。最后，发展绿色交通，加快发展新能源、低排量交通工具，完善公共交通体系，提高公共交通出行比例。推广绿色建筑，最大限度地提高建筑能效。围绕生态宜居这一目标，需要以低碳、宜居等理念为指导，走城市、自然与人协调相融的发展道路。新型城镇化绝不走先污染后治理的老路，它从建设之初起就重视环境保护，在城镇的空间分布规划、城镇的产业发展规划，以及居民生活空间规划等各个环节均注重资源的利用率和资源整合的效率，把生态文明建设放在新型城镇化建设的突出位置，追求经济效益、社会效益以及环境效益相统一的绿色发展，强调人口、资源与环境的协调，努力使新型城镇化建设与资源环境约束相一致。

　　四是保留地方特色，传承特色文化。在过去的城镇化过程中，往往存在千城一面的现象，丧失了地方特色和地方传统文化。习近平总书记在纪念孔子诞辰2565周年大会上的重要讲话中指出："优秀传统文化是一个国家、一个民族传承和发展的根本，如果丢掉了，就割断了精神命脉。"[①] 他在云南考察工作时强调，新农村建设一定要走符合农村实际的路子，遵循乡村自身发展规律，充分体现农村特点，注意乡土味道，保留乡村风貌，留得住青山绿水，记得住乡愁。[②] 新型城镇化要让人记得住乡愁，就必须注重人文城市建设，发掘城市文化内涵，保存城市文化记忆，强化文化传承，着力建设一座座有文化、有内涵的新型城镇，让生

---

① 习近平：《在纪念孔子诞辰2565周年国际学术研讨会暨国际儒学联合会第五届会员大会开幕会上的讲话》，人民出版社，2014，第11页。
② 《习近平：坚决打好扶贫开发攻坚战　加快民族地区经济社会发展》，新华网，http://www.xinhuanet.com/politics/2015-01/21/c_1114082460.htm，2015年1月21日。

活在这里的人们"记得住乡愁",实现自然环境与人文环境的和谐统一。新型城镇化进程中,要把握住地方特色、文化特色,传承文化,有意识地保留文化的多样性和传承性,发展有历史记忆、地域特色、民族特点的美丽城镇。要体现尊重自然、顺应自然、天人合一、绿色低碳的理念,依托自然山水脉络等独特风光,让城市融入大自然,让城乡居民望得见山、看得见水、记得住乡愁,不断挖掘和培育城市文化,根据不同城市的自然历史文化特性,体现城市发展的差异性,倡导城镇发展的多样化。

二 乡村振兴战略

"乡村振兴战略"是党的十九大报告中提出的七个发展战略之一,强调要坚持农业农村优先发展,按照产业兴旺、生态宜居、乡风文明、治理有效、生活富裕的总要求,建立健全城乡融合发展的体制机制和政策体系,加快推进农业农村现代化。习近平总书记在2018年7月初强调指出,实施乡村振兴战略,是党的十九大做出的重大决策部署,是新时代做好"三农"工作的总抓手。各地区各部门要充分认识实施乡村振兴战略的重大意义,把实施乡村振兴战略摆在优先位置,坚持五级书记抓乡村振兴,让乡村振兴成为全党全社会的共同行动。

(一)关于"乡村振兴"的重要论述

多年来的中央一号文件,基本都有关于"三农"问题的论述,这反映了中央一贯坚持"三农"优先的方针。特别是党的十八大以来,中央坚持"三农"优先,许多政策向这方面倾斜,支持的力度也更大。习近平总书记坚持深入乡村,关注"三农",心系农民,把农村精准扶贫作为"三农"工作的核心来抓。2016年11月,习近平总书记在中央扶贫开发工作会议上再次强调,消除贫困,改善民生,逐步实现共同富裕,是社会主义的本质要求,是我们党的重要使命。全面建成小康社会,是我们对全国人民的庄严承诺。脱贫攻坚战的冲锋号已经吹响，我们要立下愚公移山的志向，咬定目标，苦干实干，坚决打赢扶贫攻坚战，确保到2020年所有贫困地区和贫困人口一道迈入全面小康社会。2018年7月初，习近平总书记又指出，要坚持乡村全面振兴，抓重点、补短板、强弱项，实现乡村产业振兴、人才振兴、文化振兴、生态振兴、组织振兴，推动农业全面升级、农村全面进步、农民全面发展。要尊重广大农民意愿，激发广大农民的积极性、主动性、创造性，激活乡村振兴内生动力，让广大农民在乡村振兴中有更多获得感、幸福感、安全感。要坚持以实干促振兴，遵循乡村发展规律，规划先行，分类推进，加大投入，扎实苦干，推动乡村振兴不断取得新成效。

习近平新时代中国特色社会主义思想中包含了"乡村振兴"的诸多论述。归纳起来大致有以下几点。

一是"两山理念"的提出。2005年8月15日，时任中共浙江省委书记的习近平同志在安吉县余村调研时首次提出"绿水青山就是金山银山"这一科学论断。他指出，"我们过去讲，既要绿水青山，又要金山银山。其实，绿水青山就是金山银山。"[①] 这便是如何正确处理生态保护与发展经济相互关系的著名的"两山理念"。

二是"记住乡愁"的呼唤。2013年12月召开的中央城镇化工作会议指出，要依托现有山水脉络等独特风光，让城市融入大自然，让居民望得见山、看得见水、记得住乡愁。会议还指出，要注意保留村庄原始风貌，慎砍树、不填湖、少拆房，尽可能在原有村庄形态上改善居民生活条件。[②]

三是明确新农村建设原则。2015年1月，习近平总书记在云南考察时提出："新农村建设一定要走符合农村实际的路子，遵循乡村自身发展

---

① 《习近平：绿水青山就是金山银山》，人民网，http://theory.people.com.cn/n1/2017/0608/c40531-29327210.html，2015年11月10日。
② 《中央城镇化工作会议在北京举行》，《人民日报》2013年12月15日，第1版。

规律,充分体现农村特点,注意乡土味道,保留乡村风貌,留得住青山绿水,记得住乡愁。"①

四是寻找脱贫攻坚的新路子——大力发展乡村旅游。习近平总书记在 2017 年 10 月参加党的十九大贵州省代表团审议报告讨论时说:"脱贫攻坚,发展乡村旅游是一个重要渠道。要抓住乡村旅游兴起的时机,把资源变资本,实践好绿水青山就是金山银山的理念。同时,要对乡村旅游做分析和预测。如果市场趋于饱和,要提前采取措施,推动乡村旅游可持续发展。"②

五是要把"厕所革命"这项工作作为乡村振兴战略的一项具体工作来推进。2017 年 11 月,习近平总书记对旅游系统推进"厕所革命"工作取得的成效做出重要指示:"两年多来,旅游系统坚持不懈推进'厕所革命',体现了真抓实干、努力解决实际问题的工作态度和作风……厕所问题不是小事情,是城乡文明建设的重要方面,不但景区、城市要抓,农村也要抓,要把这项工作作为乡村振兴战略的一项具体工作来推进,努力补齐这块群众生活品质的短板。"③

(二) 乡村振兴战略的目标和路径

1. 乡村振兴战略目标

习近平总书记提出的实现乡村产业振兴、人才振兴、文化振兴、生态振兴、组织振兴,明确了乡村振兴战略的奋斗方向。乡村振兴战略的总体要求,就是坚持农村优先发展,按照实现产业兴旺、生态宜居、乡风文明,治理有效、生活富裕的总要求,推动城乡一体、融合发展,推

---

① 《习近平在云南考察工作时强调　坚决打好扶贫开发攻坚战　加快民族地区经济社会发展》,《人民日报》2015 年 1 月 22 日,第 1 版。
② 《拥抱新时代　担当新使命——习近平参加党的十九大贵州省代表团审议侧记》,《人民日报》2017 年 10 月 20 日,第 2 版。
③ 《习近平就推进"厕所革命"作重要指示强调　努力补齐影响群众生活品质短板》,《人民日报》(海外版) 2017 年 11 月 28 日,第 1 版。

进农业农村现代化。产业兴旺是实现乡村振兴的基石,乡村的发展必然要有兴旺发达的产业支撑,只有在乡村实现因地制宜、发挥优势,形成既有市场竞争力又能可持续发展的现代农业产业体系,经济才能大发展,乡村才能有活力。重点在于通过产品、制度、技术、组织和管理创新,提高良种化、科技化、机械化、信息化、制度化、标准化和组织化水平,推动农林牧渔业和农产品加工业转型升级。生态宜居是提高乡村发展质量的保证。在乡村振兴战略实施过程中,要充分合理科学利用自然山水资源,保护乡村生态系统,治理乡村环境污染,治理美化乡村生活环境,保留乡土气息、保存乡村风貌、改变乡村生活陋习,真正使乡村成为山清水秀、风景如画的生态宜居的美丽乡村,实现人与自然和谐共生。乡风文明是乡村建设的灵魂。要弘扬优秀传统文化和社会主义核心价值观,使整个乡村社会实现邻里互助、乡邻和睦,遵规守约、诚实守信,努力实现乡村传统文化与现代文明的融合。乡村治理是社会治理的基础,应建立健全党委领导、政府负责、社会协同、公众参与、法治保障的现代乡村社会治理体制,坚持法治、德治、村民自治相结合的治理结构,让村民牢固树立法治意识,形成治理有序的规范体系,确保乡村社会充满活力、和谐有序。生活富裕是乡村振兴的目标。要努力保持农民收入较快增长,持续降低农村居民的恩格尔系数,不断缩小城乡居民收入差距,让广大农民群众和全国人民一道进入全面小康社会,向着共同富裕目标稳步前进。①

2. 乡村振兴战略的实现路径

为了有效实施乡村振兴战略,在制度和体制机制上切实保证政策的延续性,真正保障广大村民的利益,要巩固和完善农村基本经营制度,深化农村土地承包关系稳定并长久不变。习近平总书记在党的十九大报告中着重强调了要保持土地承包关系稳定并长久不变,而且给了广大农民一个定心丸——第二轮土地承包到期后再延长30年。同时要在体制机

---

① 李周:《深入理解乡村振兴战略的总要求》,《人民日报》2018年2月5日,第7版。

制上创新，深化农村集体产权制度改革，保障农民财产权益。在生产方式上强调构建现代农业产业体系、生产体系、经营体系，完善农业支持保护制度，发展多种形式适度规模经营、培育新型农业经营主体，健全农业社会化服务体系，实现小农户和现代农业发展有机衔接，进而促进农村一、二、三产业融合发展，支持和鼓励农民就业创业，拓宽增收渠道，从根本上将传统农业纳入现代农业的体系之中，使自给自足的小农业向市场化、商品化的大农业转化。如果没有农业现代化，没有农村繁荣富强，没有农民安居乐业，国家现代化是不完整、不全面、不牢固的。

乡村振兴，人才是基础。要积极培养本土人才，鼓励外出能人返乡创业，鼓励大学生村官扎根基层，为乡村振兴提供人才保障。要加强基层党组织建设，选好配强党组织带头人，发挥好基层党组织战斗堡垒作用，为乡村振兴提供组织保证。为了切实保障乡村振兴战略的顺利实施，要培育和造就一批懂农业、爱农村、爱农民的"三农"工作队伍。懂农业就是要在社会主义市场经济的背景下，深刻理解和把握现代农业的发展规律。爱农村，就是要让广大涉农机构和基层干部，真正从思想上、行动上去关注农村，增强事业心和责任心。爱农民，就是要求各级领导干部和广大农村基层干部，要真正培育对农民的浓浓情感，要真心实意地关心关爱农民的生产生活。只有建立起这样一支"三农"工作队伍，党和国家制定的乡村振兴战略才可能得到有效实施，才能达到和实现产业兴旺、生态宜居、乡风文明、治理有效、生活富裕的总要求。[①]

第四节　广东省和广州市推进城乡协调发展的实践探索

作为全国第一经济大省，多年来广东经济发展虽然走在了全国前列，

[①] 范建华：《乡村振兴战略的时代意义》，《行政管理改革》2018 年第 2 期。

但城乡区域发展不平衡的问题依然存在，城乡无论在经济总量上，还是在教育、卫生、文化等公共服务资源配置上都存在明显差距，促进城乡区域协调发展一直是广东省实现全面建成小康社会目标的当务之急和重中之重。历届广东省委、省政府对此高度重视，并做出了不懈的努力，采取了一系列强有力的政策措施，促进城乡协调发展。党的十八大以来，广东把"三农"工作摆在更加重要的位置，深入推进农业供给侧结构性改革，围绕农业增效、农民增收、农村增绿，加大新农村建设力度，着力培育农业农村发展新动能，努力提高"三农"发展水平。

一 不断改善村容村貌，整治村庄人居环境

村庄人居环境综合整治是广东省率先全面建成小康社会必须补齐的农村"短板"。目前全省村容村貌现状与广大村民的期待还有较大差距，为此，广东省先后出台了《关于2277个省定贫困村创建社会主义新农村示范村的实施方案》《广东省关于全域推进农村人居环境整治建设生态宜居美丽乡村的实施方案》《关于加快农村人居环境综合整治建设美丽乡村三年行动计划》《广东省村容村貌整治提升工作指引（试行）》，为开展村容村貌整治提升提供指导。针对农村基础设施建设的短板，广东省持续加大农村水电路气网等基础设施建设力度，全面推进粤东西北新一轮生活垃圾和污水处理基础设施建设，目前已基本建起"户收集、村集中、镇转运、县处理"的农村垃圾处理体系，投入大量资金深入推进省级新农村连片示范建设工程，整县、整市推进乡村规划和建设，2018年底前已完成80%以上的村庄规划编制。统筹推进农村水电路气网等基础设施建设，加快推进新农村公路路面硬底化和"四好农村路"建设，尽快完成中心村、小城镇新一轮电网改造升级。切实解决农村脏乱差问题，到2018年，粤东西北地区已完成80%、珠三角地区基本完成全部自然村环境综合整治。通过整治提升，营造良好的生态美丽宜居环境，进一步补

齐广东城乡发展严重不平衡的短板。同时，通过整治来加大保护和弘扬乡村传统文化，保存乡土味道，保留乡村风貌，为岭南传统文化的延续、留住美丽乡愁提供广阔的空间。

二 建设高水平农业供给体系，着力提升农业农村发展水平

第一，广东省出台了《广东省推进农业供给侧结构性改革实施方案》，扎实做好农业供给侧结构性改革工作，提升农业供给体系质量效益和竞争力，加快农业现代化步伐，拓展农民增收致富新渠道。广东大力实施乡村振兴战略，以农业增效、农民增收、农村增绿为主要目标，以提高农业供给质量和效率为主攻方向，以体制机制创新为根本途径，以推进结构调整、绿色发展、创新驱动、融合发展、深化改革为重点，着力培育新主体、打造新业态、拓展新模式、增强新动能，加快构建现代农业产业体系、生产体系、经营体系，提高土地产出率、资源利用率、劳动生产率，推动农业农村经济转型升级、优先发展，促进农业供给体系在更高水平上实现新的平衡，走产出高效、产品安全、资源节约、环境友好的广东特色农业现代化道路。

第二，优化农业产业和结构布局。广东省编制出台了全省农业现代化功能区划，推进实施广东省农业现代化"十三五"规划和雷州半岛现代农业发展规划，编制出台全省农业现代化功能区划，引导各地立足资源优势，实行适区适种（养），合理布局优势特色产业，实现生产布局与环境资源相协调，形成珠三角都市农业区、潮汕平原精细农业区、粤西热带农业区、北部山地生态农业区以及南亚热带农业带、沿海蓝色农业带的"四区两带"区域农业发展格局，进一步优化农业产业结构。创建特色农产品优势区。瞄准市场消费需求，创建50个产业特色鲜明、市场潜力较大、具有核心技术的岭南特色产业优势区，形成合理区域分工，推动产业结构调整。

第三，大力培育新型经营主体。加大财税、信贷、金融、保险政策支持力度，培育打造了一批大型骨干农业龙头企业（林业龙头企业）。支持农业龙头企业延伸产业链，发展农村一、二、三产业。鼓励发展专业合作、股份合作等多元化、多类型合作社，引导和支持家庭农场、种养大户、社会化服务组织加快发展。目前全省省级以上农业龙头企业达633家、农民合作社达4.03万家。

第四，发挥省级农业科技创新联盟和省级农业产业技术创新团队的作用，集中优势力量开展全链条、一体化研发创新，着力提高农业科技贡献率。

第五，加快推进一、二、三产业融合发展。加快一、二、三产业融合，激发农业产业链、价值链重构和功能升级，把资源优势转化为产业优势、市场优势和竞争优势，实现全环节升级、全链条增值。推进农业、林业与旅游、教育、文化、康养等产业深度融合，加快发展趣味创意、农耕体验、森林康养、旅游观光等休闲农业，开展乡村旅游示范镇、示范点及美丽休闲乡村创建活动。

三 抓好城乡间基本公共服务均等化，切实增进民生福祉

广东率先实现城乡居民养老保险制度一体化。通过先行先试，广东已在全国率先实现城乡居民养老保险的制度一体化，织就了一张覆盖城乡的养老保障网。2009年与2011年，国家先后启动了新型农村社会养老保险试点和城镇居民社会养老保险试点，广东也由此展开了两项养老保险的试点工作。广东提出，有条件的地区应提前建立城乡居民统一的养老保险制度，尚不具备条件的地区，也要积极创造条件将两项制度合并。当时，广州、佛山、汕头、惠州、江门、梅州、云浮等多个市先行先试，提前合并实施了两项制度，为全省建立统一制度提供了经验、打下了基础。2012年7月，广东已实现新农保和城居保的制度全覆盖，至2012年

底基本实现人群全覆盖,走在全国的前列。

广东省出台了《广东省人民政府关于统筹推进县域内城乡义务教育一体化改革发展的实施意见》,统筹推进县域内城乡义务教育一体化改革发展,合理规划城乡义务教育学校布局建设,增加城镇学校学位供给,保障适龄少年儿童就近入学,完善城乡义务教育经费保障机制,统筹城乡教育资源,加快缩小城乡教育差距。同时,整体提升义务教育办学条件和教育质量,促进义务教育事业持续健康发展。

广东着力完善投入机制、提升供给能力,大力推动城镇公共服务向农村延伸、向常住人口覆盖,启动养老、医疗保险制度城乡一体化试点。医疗卫生资源向基层下沉,县级公立医院全部取消药品加成,全面实现省内异地就医即时结算,公共卫生服务均等化水平不断提高。

四 精准扶贫,补齐扶贫开发的短板

广东省的相对贫困人口主要分布在贫困村外,分散贫困人口占比近70%,脱贫难度较大。针对这一难题,根据中央关于精准扶贫的要求,广东实施扶贫攻坚行动计划,坚持开发性扶贫,接力实施扶贫"双到"工程,探索打造"大数据+量身定制"的精准扶贫大格局。2015年以来,广东在总结脱贫攻坚经验的基础上,创新建立"1+N"精准扶贫精准脱贫政策体系,为打好打赢脱贫攻坚战提供坚实保障。做到一户多策、一人一策,增强贫困户发展生产的内生动力,使分散贫困户"一个不落"地实现脱贫,确保全面小康进程中无人掉队。同时,将2277个相对贫困村纳入新农村建设范围,按照新农村示范村的标准推进建设,以更高的质量做好扶贫工作。

五 出台新型城镇化"2511计划",破解城乡发展失衡难题

在推动城乡协调发展方面,广东出台了新型城镇化"2511计划",

选择 2 个地级市、5 个县区、10 个建制镇作为新型城镇化综合试点,选择 10 类项目作为新型城镇化专项试点。珠海、潮州被列为省新型城镇化地级市综合试点,南雄市等 5 个县(市、区)被列为省新型城镇化县(市、区)综合试点,中山市小榄镇等 10 个镇被列为省新型城镇化综合试点,云浮市"一张蓝图"工程等 20 个项目被列为省新型城镇化专项试点。综合试点主要围绕破解农业转移人口融入城市难、城镇土地利用粗放低效、城镇空间结构不合理、城镇化资金保障不到位等问题展开。专项试点则以提高城镇化发展质量为关键环节,选择一批重大政策、重大工程为新型城镇化建设提供借鉴和示范。

第四章　关于物质文明和精神文明协调发展的重要论述和实践

马克思主义认为，物质文明与精神文明，是人类认识世界、适应世界、改造世界全部有形的与无形的、物质的与非物质的成果的总括和结晶，共同构成了丰富多彩的人类文明。物质文明为精神文明的发展提供物质条件和实践经验，精神文明又为物质文明的发展提供精神动力和智力支持，两者彼此相连、相互促进。当前，中国特色社会主义进入新时代，统筹推进"五位一体"总体布局和协调推进"四个全面"战略布局要求努力推进物质文明与精神文明的协调发展，加快建设现代化文化强国，协调推进思想道德建设和社会诚信建设，为实现中华民族伟大复兴的"中国梦"打下基础。

第一节　我国物质文明和精神文明协调发展的成就与不足

习近平总书记指出："只有物质文明建设和精神文明建设都搞好，国家物质力量和精神力量都增强，全国各族人民物质生活和精神生活都改善，中国特色社会主义事业才能顺利向前推进。"①

一 物质文明建设取得极不平凡的成就

改革开放 40 年来，中国的物质文明建设取得了巨大成就。总体而言，经过改革开放 40 年尤其是党的十八大以来，人民生活总体上达到小康水平，社会主义市场经济体制初步建立，经济建设取得显著成就，社会生产力、综合国力和人民生活水平显著提高，国民经济持续、快速、健康发展。概括地讲，当前物质文明发展取得的成就主要包括以下几个方面。

第一，国民经济持续快速增长。2018 年《政府工作报告》指出，党的十八大以来，我国经济建设取得重大成就，坚持贯彻新发展理念，转变发展方式，发展质量和效益不断提升。国内生产总值从 54 万亿元增长到 80 万亿元，稳居世界第二，对世界经济增长贡献率超过 30%。财政收入从 11.7 万亿元增加到 17.3 万亿元。居民消费价格年均上涨 1.9%，保持较低水平。城镇新增就业 6600 万人以上，14 亿多人口的大国实现了比较充分就业。

第二，经济结构持续调整优化。消费贡献率由 54.9% 提高到 58.8%，服务业比重从 45.3% 上升到 51.6%，成为经济增长主动力。高技术制造业年均增长 11.7%。粮食生产能力达到 1.2 万亿斤。城镇化率从 52.6% 提高到 58.5%，8000 多万农业转移人口成为城镇居民。随着供给侧结构性改革的推进，新兴产业迅速发展，高铁、高速公路、港口、机场等基础设施建设步伐进一步加快。区域发展协调性增强，京津冀协同发展、长江经济带发展成效显著。创新驱动发展战略大力实施，"天宫"等重大科技成果相继问世。经济开放新格局不断完善，对外贸易、外汇储备稳

---

① 《习近平在全国宣传思想工作会议上强调 胸怀大局把握大势着眼大事 努力把宣传思想工作做得更好 刘云山出席会议并讲话》，《人民日报》2013 年 8 月 21 日，第 1 版。

居世界前列。

第三，人民生活水平持续改善。在以人民为中心的发展思想指引下，一系列惠民举措落地实施，人民获得感显著增强。2018年政府工作报告指出，过去五年，我国脱贫攻坚战取得决定性进展，贫困人口减少6800多万，易地扶贫搬迁830万人，贫困发生率由10.2%下降到3.1%。居民收入年均增长7.4%，超过经济增速，形成世界上人口最多的中等收入群体。教育事业全面发展，欠发达地区教育明显加强。就业状况持续改善，城镇新增就业年均1300万人以上。覆盖城乡居民的社会保障体系基本建立，人民健康和医疗卫生水平大幅提高，养老保险覆盖9亿多人，基本医疗保险覆盖13.5亿人，织就了世界上最大的社会保障网。人均预期寿命达到76.7岁。保障性住房建设稳步推进，棚户区住房改造2600多万套，农村危房改造1700多万户，上亿人喜迁新居。社会治理体系更加完善，社会大局保持稳定，国家安全全面加强。

习近平总书记指出："物质文明的发展会对精神文明的发展提出更高的要求……GDP、财政收入、居民收入等等是一些重要指标，但都不是最终目的，其最终目的就是要促进人的全面发展，包括改善人们的物质生活、丰富人们的精神生活、提高人们的生活质量、提高人们的思想道德素质和科学文化素质等等。"[1] 改革开放之初，我们党就创造性地提出了建设社会主义精神文明的战略任务，确立了"两手抓，两手都要硬"的战略方针。40多年来，我国亿万人民不仅创造了物质文明发展的世界奇迹，也创造了精神文明发展的丰硕成果，涌现出一大批精神文明建设的优秀人物和先进典型。[2] 社会主义群众性精神文明建设取得突出进展。群众性精神文明创建活动作为伴随改革开放出现的新生事物，是人民群

---

[1] 习近平：《物质文明与精神文明要协调发展》，载《之江新语》，浙江人民出版社，2007，第95页。

[2] 习近平：《人民有信仰，民族有希望，国家有力量》，载《习近平谈治国理政》（第二卷），外文出版社，2017，第323页。

众移风易俗、改造社会的伟大创造。改革开放40年来，精神文明创建活动从无到有、从小到大，蓬勃发展、形成声势，呈现出旺盛生机和强大活力，成为精神文明建设的重要载体，有力地促进了公民文明素质和社会文明程度的提高，为改革开放和现代化建设营造了良好社会环境。党的十八大以来，群众性精神文明创建活动积极改进创新，内容不断丰富，形式更加多样，方法日臻完善，领域逐步拓展，群众参与热情越来越高，社会影响越来越大。

今天，人民群众向往的美好生活，不仅是"仓廪实衣食足"的物质生活，而且是"知礼节知荣辱"的精神生活。更加重要的是，精神文明对于统筹推进"四个全面"意义重大。首先，全面建成小康社会，离不开精神文化生活的小康。在物质生活极大丰富的同时，人民群众日益增长的精神文化需求也应得以满足，让百姓真正过上物质和精神"双丰收"的好日子。其次，全面深化改革，离不开坚定的理想信念。要真枪真刀推进改革，推动一批带有顶层设计性质的综合改革实施方案的出台和落地，离不开全党坚定改革信心，以更大的政治勇气和智慧、更有力的措施和办法推进改革。再次，全面依法治国，离不开崇德向善的正能量。以习近平同志为核心的党中央对此反复强调，要坚持依法治国和以德治国相结合，把法治建设和道德建设紧密结合起来，把他律和自律紧密结合起来，做到法治和德治相辅相成、相互促进。最后，全面从严治党，打铁还需自身硬。在党的群众路线教育实践活动总结大会中，中央对此予以再次强调，其中的关键要求在于，强调思想教育要突出重点，加强党性教育和道德教育，引导党员、干部坚定理想信念，坚守共产党人精神追求。

二　精神文明建设存在不平衡不充分的问题

一是社会主义思想道德建设不充分。思想道德建设是社会主义精文明建设的一个方面，中国公民道德建设服从和服务于党的路线、纲领，从意识形态方面和理论指导上讲，就是必须坚持马克思主义的根本指导地位。党的十九大报告指出，要加强思想道德建设，提高人民的思想觉悟、道德水准、文明素养，提高全社会文明程度。当前，社会主义思想道德建设仍然存在不少问题，有的还相当严重。一些领域道德失范，拜金主义、享乐主义、个人主义滋长；封建迷信活动和黄赌毒等丑恶现象沉渣泛起；假冒伪劣、欺诈活动成为社会公害；文化事业受到消极因素的严重冲击，危害青少年身心健康的东西屡禁不止；腐败现象在一些地方蔓延，党风、政风受到很大损害；一部分人国家观念淡薄，对社会主义前途感到困惑和动摇。比如，移风易俗问题。典型表现是农村还存在铺张浪费、炫富攀比、天价彩礼、大操大办、薄养厚葬、封建迷信、赌博败家等陋习，亟须大力开展宣传教育，提倡勤劳节俭美德，培育健康生活方式，推动乡风民风美起来。又如，文明风尚问题。要深入推进诚信建设制度化，健全多部门、跨地区、跨行业的守信联合激励和失信联合惩戒的联动机制。大力开展文明交通行动，不断提高人们的交通安全意识和文明素养。持续推进中国公民出境旅游文明素质提升工作，实施游客旅游不文明记录管理办法和民航旅客信用信息记录制度，做好正面宣传和反面曝光，运用更加鲜活生动的方式普及文明知识、倡导时代新风。再如，公益奉献问题。目前，还存在一些地方和部门思想认识不到位、工作推进不平衡、精品力作不多的瓶颈和短板，亟须加强创意设计，加大刊播力度，完善作品库，使公益广告更加出新出彩；亟须建立通报机制，推进公益广告宣传持续深入开展；亟须扎实推进学雷锋志愿服务制度化。

二是社会主义网络文明建设推进不充分。网络社会是当代社会的重要特征。2018年8月20日，中国互联网络信息中心（CNNIC）在京发布第42次《中国互联网络发展状况统计报告》指出，截至2018年6月30

第四章　关于物质文明和精神文明协调发展的重要论述和实践

日，我国网民规模达8.02亿，互联网普及率为57.7%。简言之，老百姓都上了网。在此背景下，通过网络走群众路线，推进网络社会执政是共产党执政的重要内容。坚持正能量是总要求、管得住是硬道理，依法加强网络空间治理，加强网络内容建设，做强网上正面宣传，发展积极向上的网络文化，是推动社会主义精神文明的重要举措。近年来，随着互联网的迅猛发展，普通群众的生活日趋网络化，这一趋势在给群众带来极大便利的同时，也衍生了群众以博客、微博、跟帖、留言、论坛帖文等形式，对国家政府、社会热点、网络话题等表达意见的现象，由此，互联网不仅形成了强大的舆论场，而且构成了一个网络虚拟社会，在这其中，网络谣言、多元思潮涌动，拜金主义、现实主义、个人主义、享乐主义等思想泛滥，网络意识形态斗争日趋激化等现象凸显，亟须推进依法管理网络空间，开展网络公益活动，吸引网民广泛参与。同时要重视网络文明建设，加大投入力度，强化责任意识，强化使用意识，强化管理意识，真正做到用得上、管得住、能发展。

三是讲好社会主义精神文明故事有待推进。社会主义精神文明是社会主义现代化建设的重要组成部分。新时代如何让世人认识当代中国，如何让国人增强"四个自信"，如何让外国了解中国、理解中国？这需要世人全面客观地看待中国社会的精神文明发展，也需要我们生动准确地说明社会主义精神文明建设的内容和实质。党的十九大报告提出，要讲好中国故事，展现真实、立体、全面的中国，提高国家文化软实力。然而，当前在讲好社会主义精神文明故事方面，还缺乏"道""术""能"的建设。比如，在"道"的方面，如何让当代中国价值观念走向世界，提高国家软实力，是讲好中国故事的任务和目标。在国际话语和对外交流中如何用公共的道讲公认的理，需要构建中国特色话语体系。当前，中国话语和中国逻辑的演绎仍然缺乏，需要进一步解释当代中国、阐释中国思想。再如，在"术"的方面，中国话语体系能否更好地与世界沟通交流，融合中外是基础，贯通东西是关键，讲好故事是方法。当前，要将中国故事融于古今中外，陈情和说理结合，贯"道"于故事之中，通"道"于故事之中。又如，在"能"的方面，互联网时代的到来为对外传播工作带来新机遇，社交媒体的兴起为讲好中国故事提供了绝佳平台。然而，当前提高媒体的传播力、引导力、影响力、公信力，提高生产者、传播者个体的学养、素质、能力和水平仍然有待强化。①

三 "两个文明"发展不协调的主要原因

归根结底，社会主义精神文明建设与物质文明建设不相匹配的现象，主要源于思想认识不到位和制度建设不充分。

一是，对社会主义精神文明建设的思想认识不到位。在一些地方和部门的领导工作中，忽视思想教育，忽视精神文明建设，"一手比较硬、一手比较软"的问题还没有解决。随着改革开放和社会主义市场经济的深化推进，出现了忽视精神文明建设的作用的情况，在地方实际工作中存在虚化、弱化、边缘化精神文明工作的现象。由于管理不充分、不到位，一些地区和单位的赌博、卖淫、吸毒等丑恶现象死灰复燃，"拜金主义""享乐主义""个人主义"有所抬头，加之对外开放后，西方一些腐朽思想和生活方式的侵袭，社会主义精神文明建设受到冲击，西方社会普遍流行的吸毒、卖淫、暴力、精神迷茫等"社会病"影响我们的经济建设工作，使人们的思想观念受到冲击。在这一点上邓小平同志曾经坚定地讲，不加强精神文明建设，物质文明建设也要受破坏，走弯路。②

二是，关于社会主义精神文明建设的制度建设不充分。在发展社会主义市场经济和对外开放条件下建设社会主义精神文明，是中国共产党

---

① 殷陆君：《新时代怎样讲好中国故事》，《学习时报》2018年5月28日。
② 《邓小平文选》（第三卷），人民出版社，1993，第144页。

第四章　关于物质文明和精神文明协调发展的重要论述和实践

和中国人民的一项艰巨的历史使命。改革开放以来，中央高度重视精神文明建设，大力推进精神文明创建工作。然而，相关工作在推进中仍存在"四重四轻"的问题。一是重评比、轻创建。个别单位在创建工作中认识不够到位，存在重评比、轻创建现象，把主要精力用在"评"上，表现在评时"一窝蜂"，下指标，搞推荐，忙验收，经常性的培育工作却做得不够，由于基础不牢，创建工作效果不明显。二是重形式、轻实效。精神文明创建工作需要一定的载体、活动来承载和推动，有活动，才能有活力。但创建工作作为一项系统工程，并不能简单地等同于活动。个别单位在开展精神文明创建工作中，对创建工作的本质把握不深，创建活动停留在做表面文章、走形式、要政绩上。个别人片面认为，只要多组织职工开展几次篮球比赛、乒乓球比赛，创建工作任务就算完成。三是重硬件，轻软件。个别单位在创建实践中，把主要精力放在增加投入，改善办公环境上，而忽视了职工素质的培养与提高。办公场所亮了，办公环境美了，职工的服务意识、服务能力没有跟上，事难办、话难听、门难进的衙门作风仍未改变。四是重部署，轻落实。在创建工作实践中，不同地区、单位创建工作开展不平衡。大部分地区、单位创建目标明确、载体丰富，群众参与度、积极性较高，创建工作成效明显。个别地区、单位创建工作存在重部署，轻落实的现象，满足于转发文件、张贴标语、喊口号，缺乏落实工作的具体举措，导致创建工作流于形式。①

在此背景下，"两个文明"协调发展势在必行。1990年6月23日，时任福州市委书记的习近平同志在市精神文明建设工作会议上做的《全党动员，全民动手，齐心共建文明省城》报告中指出。精神文明是看不见抓不着的东西，而精神文明建设工作却必须是实打实的，因此精神文明建设工作应该要"虚功实做"，虚实结合才能发挥最大的功效。简言

---

① 曹李海、梅立润：《国家治理视域下社会主义精神文明创建的论证与优化》《延安大学学报》（社会科学版）2017年第1期。

之，精神文明建设绝不是软任务。对"有形"的要实事实做，对"无形"的要虚事实做。精神文明建设不是一劳永逸的事，必须坚持不懈地抓，扎扎实实地抓，而且必须从娃娃抓起、从实处抓细。① 党的十八大以来，以习近平同志为核心的党中央肩负实现中华民族伟大复兴中国梦的历史使命，把精神文明建设贯穿于改革开放全过程，纳入社会主义现代化建设总体布局，全面展开精神文明建设各项工作，取得了巨大成就。站在中国特色社会主义事业新的起点上，以习近平同志为核心的党中央明确精神文明建设的历史方位，提出了一系列新思想、新观点、新要求。习近平总书记强调，"中国人民拥有伟大梦想，更拥有为实现伟大梦想而吃苦耐劳、实干苦干的伟大精神"②，"当高楼大厦在我国大地上遍地林立时，中华民族精神的大厦也应该巍然耸立"。③

第二节 加快文化改革，建设现代化文化强国

推进社会主义物质文明和精神文化协调发展，文化建设是应有之义。习近平总书记指出，文化自信是一个国家、一个民族发展中更基本、更深沉、更持久的力量。④ 建设文化强国，必须坚定文化自信。作为"五位一体"总体布局和"四个自信"战略定力的组成部分，文化建设进入新时代，为文化强国建设打下深厚基础，为文化自信夯实根基。文化兴则国运兴，文化强则民族强。中国特色社会主义进入了新时代，贯穿在文

---

① 习近平：《精神文明建设要"从娃娃抓起"》，载《之江新语》，浙江人民出版社，2013，第66~67页。
② 习近平：《在2017年春节团拜会上的讲话》，《人民日报》2017年1月27日，第1版。
③ 人民日报评论员：《让民族精神大厦巍然耸立》，人民网，http://opinion.people.com.cn/n1/2017/1118/c1003-29653762.html，2017年11月18日。
④ 习近平：《要有高度的文化自信》，载《习近平谈治国理政》（第二卷），外文出版社，2017，第349页。

化领域,就是要满足人民日益增长的美好生活需要。①

一 文化建设是精神文明建设的应有之义

推进文化建设,关键是建设中国特色社会主义文化。中国特色社会主义文化是社会主义性质的文化,而不是其他性质的文化,这是在文化性质方面具有的内在规定性。社会主义文化是比资本主义文化、封建主义文化更先进的文化形态。发展中国特色社会主义文化,建设社会主义文化强国,要牢牢把握社会主义的本质属性,不断坚定文化自信。

中国特色社会主义文化熔铸于党领导人民在革命、建设、改革中创造的革命文化和社会主义先进文化。无论是革命文化还是社会主义先进文化,都属于社会主义性质的文化,是中国共产党领导中国人民在革命、建设、改革实践中不断形成和积淀起来的精神成果。同时,中华优秀传统文化在经过创造性转化和创新性发展后,也是与中国特色社会主义相适应的。社会主义性质决定了中国特色社会主义文化始终坚持为人民服务、为社会主义服务,是以人民为中心的文化。中国特色社会主义文化之所以始终保持社会主义性质,是因为它始终坚持以马克思主义为指导,代表人类先进文化的前进方向。

因此,发展中国特色社会主义文化、建设社会主义文化强国,必须始终坚持以马克思主义为指导,这是中国特色社会主义文化区别于其他性质文化的根本标志。离开马克思主义的指导,偏离社会主义的性质,即使文化产品生产得再多,也不能说建成了社会主义文化强国。② 换言之,推进中国特色社会主义文化大发展,必须坚持走中国特色社会主义文化发展道路,弘扬社会主义先进文化,推动社会主义文化大发展大繁

---

① 唐建军:《坚定文化自信建设文化强国》,《中国文化报》2017年11月15日。
② 佘双好:《建设文化强国的核心是发展中国特色社会主义文化》,《人民日报》2018年6月10日,第7版。

荣，不断丰富人民精神世界，增强人民精神力量，努力建设社会主义文化强国。

二 文化建设的重点是深化文化体制改革

推进文化建设，重点是深化文化体制改革，核心是牢牢把握社会主义先进文化前进方向。以习近平同志为核心的党中央反复强调，在推进文化体制改革、繁荣发展文化事业和文化产业的过程中，要把握好意识形态属性和产业属性，以及社会效益和经济效益的关系，始终坚持社会主义先进文化前进方向，始终把社会效益放在首位。无论改什么、怎么改，导向不能改，阵地不能丢。简言之，推进文化改革，坚持党的领导、以人民为中心的导向是最为关键的。

党的十八大以来，以习近平同志为核心的党中央对完善公共文化服务体系的部署紧锣密鼓。党的十八大提出要加快推进文化惠民工程，推动公共文化服务设施向社会免费开放；党的十八届三中全会提出建立健全现代公共文化服务体系；党的十八届四中全会提出，要制定公共文化服务保障法；2015年初，中共中央办公厅、国务院办公厅印发《关于加快构建现代公共文化服务体系的意见》，对现代公共文化服务体系建设进行了顶层设计，我国的文化改革不断深入推进。比如，开展以简政放权为最大特点的新一轮改革，加快转变文化行政部门职能，使市场在资源配置中起决定性作用和更好发挥政府作用；又如，不断建立健全文化市场体系，鼓励各类市场主体公平竞争、优胜劣汰，促进文化资源在全国范围内流动；再如，不断深化文化金融合作，文化企业跨地区、跨行业、跨所有制并购重组持续升温，文化产业迎来了资本市场的春天。[1]

党的十九大报告进一步指出，要深化文化体制改革，完善文化管理体制，加快构建把社会效益放在首位、社会效益和经济效益相统一的体

---

[1] 李慧：《十八大以来文化建设和文化体制改革综述》，《光明日报》2016年1月5日。

制机制。完善公共文化服务体系，深入实施文化惠民工程，丰富群众性文化活动。加强文物保护利用和文化遗产保护传承。健全现代文化产业体系和市场体系，创新生产经营机制，完善文化经济政策，培育新型文化业态。广泛开展全民健身活动，加快推进体育强国建设。加强中外人文交流，以我为主、兼收并蓄。推进国际传播能力建设，讲好中国故事，展现真实、立体、全面的中国，提高国家文化软实力。

三　文化建设的重要载体是发展文艺事业

文艺是时代前进的号角，最能代表一个时代的风貌，最能引领一个时代的风气。文艺事业是党和人民的重要事业，文艺战线是党和人民的重要战线。改革开放以来，我国文艺创作迎来了新的春天，产生了大量脍炙人口的优秀作品。创新推进新时代文艺事业，是推进公共文化服务体系建设的重要内容，是推进中国特色社会主义文化建设的应有之义。

新时代文艺事业的创新推进，关键是以人民为中心。2014年10月15日，习近平总书记主持召开文艺工作座谈会时中指出，"社会主义文艺，从本质上讲，就是人民的文艺。"文艺要反映好人民心声，就要坚持为人民服务、为社会主义服务这个根本方向。这是党对文艺战线提出的一项基本要求，也是决定我国文艺事业前途命运的关键。要把满足人民精神文化需求作为文艺和文艺工作的出发点和落脚点，把人民作为文艺表现的主体，把人民作为文艺审美的鉴赏家和评判者，把为人民服务作为文艺工作者的天职。人民是文艺创作的源头活水，一旦离开人民，文艺就会变成无根的浮萍、无病的呻吟、无魂的躯壳。能不能搞出优秀作品，最根本的是看能否为人民抒写、为人民抒情、为人民抒怀。要虚心向人民学习、向生活学习，从人民的伟大实践和丰富多彩的生活中汲取营养，不断进行生活和艺术的积累，不断进行美的发现和美的创造。要始终把人民的冷暖、人民的幸福放在心中，把人民的喜怒哀乐倾注在自己的笔端，讴歌奋斗人生，刻画最美人物，坚定人们对美好生活的信心。

当前，中国特色社会主义进入新时代，"随着人民生活水平不断提高，人民对包括文艺作品在内的文化产品的质量、品位、风格等的要求也更高了。文学、戏剧、电影、电视、音乐、舞蹈、美术、摄影、书法、曲艺、杂技以及民间文艺、群众文艺等各领域都要跟上时代发展、把握人民需求，以充沛的激情、生动的笔触、优美的旋律、感人的形象创作生产出人民喜闻乐见的优秀作品，让人民精神文化生活不断迈上新台阶"。[①]

第三节 协调推进思想道德建设和社会诚信建设

促进社会主义物质文明和精神文化协调发展，还需要协调推进思想道德建设和社会诚信建设。

一 思想道德建设的方向与要求

习近平总书记提出，人民有信仰，民族有希望，国家有力量。[②] 人无精神不立，国无精神不兴。一脉相承又与时俱进的价值观念是支撑中华民族生生不息、薪火相传的精神力量，是中国人精神谱系中最为深沉厚重的底色。党的十九大报告也指出，要加强思想道德建设，提高人民思想觉悟、道德水准、文明素养，提高全社会文明程度。广泛开展理想信念教育，深化中国特色社会主义和中国梦宣传教育，弘扬民族精神和时代精神，加强爱国主义、集体主义、社会主义教育，引导人们树立正确的历史观、民族观、国家观、文化观。深入实施公民道德建设工程，推进社会公德、职业道德、家庭美德、个人品德建设，激励人们向上向善、

[①] 《习近平：在文艺工作座谈会上的讲话（2014年10月15日）》，新华网，http://www.xinhuanet.com/politics/2015-10/14/c_1116825558.htm，2015年10月14日。

[②] 《习近平谈治国理政》（第二卷），外文出版社，2017，第323页。

第四章 关于物质文明和精神文明协调发展的重要论述和实践

孝老爱亲,忠于祖国、忠于人民。

以习近平同志为核心的党中央反复强调,实现中华民族伟大复兴的中国梦,物质财富要极大丰富,精神财富也要极大丰富,要锲而不舍、一以贯之抓好社会主义精神文明建设。当前,推进思想道德建设,关键是培育和践行社会主义核心价值观。社会主义核心价值观是当代中国精神的集中体现,凝结着全体人民共同的价值追求。一方面,从管理上看,要加强和改进思想政治工作,深化群众性精神文明创建活动。弘扬科学精神,普及科学知识,开展移风易俗、弘扬时代新风行动,抵制腐朽落后文化侵蚀。另一方面,从工作上看,要以培养担当民族复兴大任的时代新人为着眼点,强化教育引导、实践养成、制度保障,发挥社会主义核心价值观对国民教育、精神文明创建、精神文化产品创作生产传播的引领作用,把社会主义核心价值观融入社会发展各方面,并转化为人们的情感认同和行为习惯。坚持全民行动、干部带头,从家庭做起,从娃娃抓起。深入挖掘中华优秀传统文化蕴含的思想观念、人文精神、道德规范,结合时代要求继承创新,让中华文化展现出永久魅力和时代风采。

推进思想道德建设,要把青年群众摆在突出位置。青年是祖国的未来、民族的希望,也是我们党的未来和希望,青年一代有理想、有担当,国家就有前途,民族就有希望,实现我们的发展目标就有源源不断的强大力量。青年的价值取向决定了未来整个社会的价值取向。人生的扣子从一开始就要扣好,如果第一粒扣子扣错了,其余的扣子都会扣错。正因如此,思想道德建设要从娃娃抓起,从青年抓起。

党的十八大以来,习近平总书记高度重视青年和青年工作,多次寄语广大青年。2013年5月4日,习近平总书记同各界优秀青年代表座谈时指出,"中国梦是我们的,更是你们青年一代的。中华民族伟大复兴终将在广大青年的接力奋斗中变为现实""中国梦是全国各族人民的共同理想,也是青年一代应该牢固树立的远大理想。中国特色社会主义是我们党带领人民历经千辛万苦找到的实现中国梦的正确道路,也是广大青年应该牢固确立的人生信念""广大青年要把正确的道德认知、自觉的道德养成、积极的道德实践紧密结合起来,自觉树立和践行社会主义核心价值观,带头倡导良好社会风气。要加强思想道德修养,自觉弘扬爱国主义、集体主义、社会主义思想,积极倡导社会公德、职业道德、家庭美德。要牢记'从善如登,从恶如崩'的道理,始终保持积极的人生态度、良好的道德品质、健康的生活情趣。要倡导社会文明新风,带头学雷锋,积极参加志愿服务,主动承担社会责任,热诚关爱他人,多做扶贫济困、扶弱助残的实事好事,以实际行动促进社会进步。"①

推进思想道德建设,特别是要加强青年的思想道德建设,教育战线需要发挥重要作用。实现思想道德建设的大发展,教育战线的地位和作用不可忽视。2016 年 12 月,习近平总书记出席全国高校思想政治工作会议并发表重要讲话,对教育战线在思想道德建设和思想政治工作方面的作用予以阐述,强调要坚持把立德树人作为中心环节,把思想政治工作贯穿教育教学全过程,实现全程育人、全方位育人,努力开创我国高等教育事业发展新局面。②

思想道德建设从根本上说是做人的工作,必须围绕群众、观照群众、服务群众,不断提高群众思想水平、政治觉悟、道德品质和文化素养。当前,教育战线要在思想道德建设方面发挥作用,对广大群众特别是青年群众进行引导凝聚,就必须重点教育学生正确认识世界和中国发展大势,从我们党探索中国特色社会主义历史发展和伟大实践中,认识和把握人类社会发展的历史必然性,认识和把握中国特色社会主义的历史必然性,不断树立为共产主义远大理想和中国特色社会主义共同理想而奋

---

① 《习近平谈治国理政》,外文出版社,2014,第 53 页。
② 《新华社评论员:立德树人,为民族复兴提供人才支撑——学习贯彻习近平总书记在全国高校思想政治工作会议重要讲话》,新华网,http://www.xinhuanet.com//politics/2016-12/08/c_1120083340.htm,2016 年 12 月 8 日。

斗的信念和信心；正确认识中国特色和国际经验，全面客观认识当代中国，看待外部世界；正确认识时代责任和历史使命，用中国梦激扬青春梦，为学生点亮理想的灯、照亮前行的路，激励学生自觉把个人的理想追求融入国家和民族的事业中，勇做走在时代前列的奋进者、开拓者；珍惜韶华、脚踏实地，把远大抱负落实到实际行动中，让勤奋学习成为青春飞扬的动力，让增长本领成为青春搏击的能量。①

二 社会诚信建设的方向与要求

社会诚信建设也是社会主义物质文明和精神文明协调发展的重要内容和抓手。诚信是社会主义核心价值观的重要内容，是公民基本道德规范，是社会主义市场经济的基础。党中央、国务院高度重视诚信建设，党的十八大提出，深入开展道德领域突出问题专项教育和治理，加强政务诚信、商务诚信、社会诚信和司法公信建设；党的十八届三中全会强调建立健全社会征信体系，褒扬诚信、惩戒失信。各地各部门认真贯彻党中央、国务院决策部署，推进社会信用体系建设，弘扬诚信理念，推广先进典型，开展专项整治，诚信建设取得积极进展。但是，当前诚信建设与人民群众的期望还有差距，与经济社会发展水平还不适应，覆盖全社会的征信系统尚未形成，社会诚信意识和信用水平整体偏低，商业欺诈、合同违法、制假售假、偷排污染物、偷逃骗税、学术不端等不良现象时有发生，诚信缺失仍然是经济社会发展中的一个突出问题，诚信建设制度机制亟待健全和完善。

推进社会诚信建设，重点是大力强化社会诚信体系化、制度化建设。社会诚信体系是一种以社会诚信制度为核心的维护经济活动、社会生活正常秩序和促进诚信的社会机制，是一项政府推动下全社会参与的社会

---

① 《习近平在全国高校思想政治工作会议上强调：把思想政治工作贯穿教育教学全过程 开创我国高等教育事业发展新局面》，《人民日报》2016年12月9日，第1版。

系统工程。市场经济的发展，是以信用关系的日益透明和不断扩大为基础的，没有诚信就没有良好的社会经济秩序，诚信是现代市场经济的基石，是政府取信于民的基础，是企业发展的生命，是个人立身的根本。诚信的持续是社会、企业和个人恒久发展的基础。因此，社会诚信建设体系化、制度化建设对于满足人民日益增长的美好生活需要、推进净化社会风气、营造良好环境具有十分重要的意义。2014年7月23日，中央精神文明建设指导委员会印发《关于推进诚信建设制度化的意见》指出，坚持以人为本、教育为先，把培育诚信价值观念作为长期任务；坚持制度保障、规范约束；坚持德法并举、刚柔相济；坚持政府有力推动、企业主动作为、社会共同参与、公民普遍响应，把政府、企业和社会力量汇集于推进诚信建设各方面各环节；坚持问题导向、集中治理，把不断取得阶段性成果作为回应人民群众关切的重要标志，力求在治理重点领域、解决突出问题上求突破，在激励守信、惩戒失信上见实效，使全社会诚信意识普遍增强，诚信风尚日益形成，诚信社会愈益健全。党的十九大报告更是进一步明确，推进诚信建设和志愿服务制度化，强化社会责任意识、规则意识、奉献意识。

当前，社会诚信建设必须立足精神文明与物质文明协调发展的需要，多措并举予以推进。一是加快推进政务诚信建设。健全守信激励与失信惩戒机制，健全信用权益保护和信用修复机制；加强重点领域政务诚信建设，探索构建广泛有效的政务诚信监督体系；建立政务诚信纵向督导机制，建立政务诚信横向监督机制，建立第三方社会机构评估机制。二是深入推进商务诚信建设。以企业诚信助推社会诚信，提高商务诚信水平。建立安全生产信用公告制度、商贸流通领域企业信用信息征集共享制度、中介服务机构及其从业人员的信用记录和披露制度；建立跨部门企业信用信息共享机制；加强企业和经营者价格行为自律建立；改善营商环境，降低商务运行成本，提高经济活动效率。三是全面推进社会诚信建设。以重点人群诚信推进社会诚信，加强公务员、专业技术人员诚信教育，建立诚信档案；建立健全知识产权诚信管理、环境管理、监测信息公开制度；依托法人单位信息资源库，加快完善社会组织登记管理信息；建立完善自然人在经济社会活动中的信用记录，实现自然人信用记录全覆盖；大力推进网络信用监管机制建设，实现社会和谐稳定和长治久安。四是大力推进司法公信建设。提升司法审判信息化水平，保障人民群众对检察工作的知情权、参与权、表达权和监督权；全面推行公安"阳光执法"，依法及时公开执法办案的制度规范、程序时限等信息；进一步规范和创新信息管理和披露手段；建立法律服务从业人员信用档案和诚信承诺制度，健全促进司法行政公信的制度基础，推进律师、公证员、基层法律服务工作者、司法鉴定人员等诚信规范执业，提高司法工作的科学化、制度化和规范化水平。五是加强诚信教育与诚信文化建设。注重引导教育与自我教育相结合，开展形式多样的诚信文化教育宣传活动。把依法治信、依法建信、依法用信作为信用普法教育宣传的重要内容，开展各类诚信法制教育活动，营造良好的诚信法制环境；制定公民诚信守则，推动公民诚信意识和社会诚信水平不断提升；加强学校对青少年学生的信用教育，把诚信教育纳入学校教育；加快信用专业人才培养，打造信用管理专业化队伍等。

第四节　广东省和广州市推进物质文明和精神文明协调发展的实践探索

习近平总书记参加十三届全国人大一次会议广东代表团审议时强调，在现代化进程中，我们要引导人们注重修养品德、保持良知、增强爱心，给所有需要帮助的人提供关爱和帮助。共产党就是为人民谋幸福的，人民群众什么方面感觉不幸福、不快乐、不满意，我们就在哪方面下功夫，千方百计为群众排忧解难。可见，物质文明和精神文明要坚持两手抓、两手都要硬。

一 广东省的实践探索

中共广东省委十二届四次全会强调，要以深入推进精神文明建设为重点，加快建设文化强省。坚定理想信念，深入学习宣传贯彻习近平新时代中国特色社会主义思想，大力培育和践行社会主义核心价值观，夯实广东全省人民团结奋斗的共同思想基础。大力发展现代文化产业，增强文化实力，为人民群众提供丰富的精神食粮，努力交出物质文明和精神文明两份好的答卷。

党的十八大以来，中国特色社会主义进入新时代，广东为建设社会主义现代化强国贡献广东力量，顺应全省人民美好生活需要，确保广东实现"四个走在全国前列"，深刻认识新时代精神文明建设的重要性和紧迫性，全面提升精神文明建设水平，不断满足人民群众精神文化需求，努力推动精神文明建设同样走在前列。这一领域的探索主要包括以下几个方面。

第一，广东省委、省政府切实担负起精神文明建设的主体责任。为确保精神文明建设始终沿着正确方向前进，切实加强党委对新时代精神文明建设工作的领导，出台了《广东省公民文明素质和社会文明程度提升行动纲要（2017-2020年）》。省委十二届四次全会明确提出要以深入推进精神文明建设为重点，加快建设文化强省，充分彰显持之以恒抓好精神文明建设的态度和决心。就如何实现新时代精神文明建设的新气象新作为，中共广东省委书记李希同志有针对性地提出，要大力实施铸魂立德工程、文化强省工程、为民惠民工程、全域创建工程、改革创新工程，为全省精神文明建设工作推进明确了抓手。

第二，在精神文明建设过程中旗帜鲜明地讲政治。中共广东省委、

第四章　关于物质文明和精神文明协调发展的重要论述和实践

省政府和广东各地市、部门坚持以习近平新时代中国特色社会主义思想为指导，切实增强精神文明建设自觉性，将精神文明与物质文明同等重视、同时规划、同力推进，贯穿到改革发展稳定的各项工作中，推动新时代精神文明建设再上新台阶。中共广东省委、省政府强调，全省精神文明建设工作的主线是聚焦学习宣传贯彻习近平新时代中国特色社会主义思想和习总书记参加十三届全国人大一次会议广东代表团审议时重要讲话精神，将其作为新时代精神文明建设的首要政治任务，推动学习宣传贯彻工作往实里走、往深里走、往心里走，强调把习近平总书记重要讲话精神作为全局工作的总纲，加强宣传阐释，融入主题教育活动、先进典型宣传、文艺作品创作和文化产品生产传播之中，不断提高人民群众思想政治觉悟；强调突出学习领会习近平总书记关于精神文明建设的重要思想，掌握基本原理，领会精神实质，化为行动纲领，变成广东实践；强调自觉服从服务于大局，增强精神文明建设与全局工作的协同性、联动性，使精神文明建设在大局下谋划、在大局下行动，更好地促进广东各项事业发展。[①]

第三，围绕中心，服务大局，务实推进精神文明建设。精神文明建设绝不是虚事、软任务，近年来广东省强化问题导向，扎扎实实推动解决实事，让群众有更多获得感、幸福感、安全感。全省各地区、各部门围绕中心，服务大局，深入推进社会主义核心价值观建设，推动形成人人践行核心价值观、争当时代新人的生动局面；着力破解文化领域发展不平衡不充分的难题，不断丰富人民群众精神文化生活；着力打造最放心的生态环境、最舒心的生活环境、最安心的社会环境；推动城乡区域文明协调发展，实现社会文明水平总体跃升；以新时代新思维引领工作创新，以新技术、新手段保障工作创新，以强化问题导向推进工作创新，

---

① 南方日报评论员：《努力谱写广东精神文明建设新篇章》，《南方日报》2018年5月16日。

努力在精神文明建设上走在前列。①

第四，部门分工，有效推进。广东省文明办按照省委十二届四次全会、省文明委第一次全体（扩大）会议部署要求，围绕学习宣传贯彻习近平新时代中国特色社会主义思想、提升精神风貌、培育良好风尚、塑造文化风韵、打造美丽风景"一新四风"目标，实施精神文明建设"铸魂立德、文化强省、为民惠民、全域创建、改革创新"五大工程，在全省试点建设新时代文明实践中心，打通宣传群众、教育群众、关心群众、服务群众的"最后一公里"，推进珠三角全国文明城市群和粤东粤西粤北文明城市创建，加强乡风文明建设，促进城乡区域文明协调发展。广东省文化厅按照省委的部署，采取多种形式不断掀起学习宣传贯彻习近平总书记重要讲话精神的热潮，压实意识形态工作责任，加强党的建设，坚定文化自信，以人民为中心，以改革创新为动力，真抓实干、敢为人先，切实发挥文化引领作用，努力为广东实现"四个走在全国前列"提供强大的精神动力和文化支撑。广东省新闻出版广电局实施铸魂立德工程，推动主流媒体及新媒体推出宣传习近平总书记重要讲话精神的专题、专栏，宣传精神文明建设先进经验和有效做法。围绕庆祝改革开放40周年等重大时间节点，组织创作专题纪录片、电影、网络视听节目，出版系列图书，大力宣传广东改革发展的新形象、新作为、新成果。找准精神文明建设发力点，不断满足人民群众文化需求。广东省团委、省妇联结合自身工作特点，围绕选树榜样激励青年助力"志愿广东"建设、深化家庭文明建设，弘扬新时代好家风等开展了一系列工作。

二 广州市积极推进物质文明和精神文明协调发展的实践探索

习近平总书记深刻指出，只有物质文明建设和精神文明建设都搞好，中国特色社会主义事业才能顺利向前推进。在中共广东省委、省政

---

① 南方日报评论员：《努力谱写广东精神文明建设新篇章》，《南方日报》2018年5月16日。

府的领导下，作为改革开放前沿、广东省会城市的广州市在推进物质文明与精神文明协调发展方面创新探索，以人民对美好生活的向往作为奋斗目标，大力推进精神文明创建工作，让基层群众共享高品质生活，让市民享受更便利、更高质量的公共服务，为人民群众不断创造美好生活。

广州把精神文明建设的进程内化为社会治理有序惠民的动力，助力实现政府治理、社会调节、居民自治、发展共享的良性互动，为营造共建、共治、共享社会治理格局走在全国前列贡献广州力量。比如，加强社会治理，机制引领是保障。广州市近年建立起健全的党委领导、政府负责、社会协同、公众参与的齐抓共管精神文明建设工作格局，引导社会各方面积极参与文明创建和社会治理。市民公约、乡规民约、行业规章、团体章程等社会规范，与国家法律法规一道，有效调节社会治理中的各种社会关系，将社会主义核心价值观融入村规民约、行业规范。

以创建全国文明城市工作责任分解表为例，广州把精神文明建设工作纳入90个市直部门绩效考核指标体系，精神文明建设与业务工作、行业管理、社会治理紧密交融，形成合力。2018年3月13日，广州"新时代红色文化讲习所"启动暨首场宣讲活动在中共三大会址举行，翌日移师农讲所旧址开展"农村党员"专场，标志着群众参与精神文明创建活动的形式载体正不断拓展。从党政机关到企业、高校，从党员到群众，从家长到孩子，红色文化学习热潮正在广州掀起。同时，广州还率先把社会治理纳入文明创建测评，将精神文明创建活动的进程化作促进社会文明和谐的过程；并广泛开展文明村镇、文明单位、文明家庭、文明校园等各类创建活动，提升社会文明程度，"礼让斑马线""广式排队""文明候车"等成为文明广州的一道道的风景线。又如，广州顺应社会形势的新变化，运用互联网、大数据等手段服务来穗人员，宣传社会主义核心价值观，全面推动来穗人员在人文关怀、思想认同、心理悦纳、政治参与、乐业奉献等领域的全方位社会融合，为"新广州人"的融入和参与社会共治提供有效平台，从而达到促进来穗人员"个人融入企业、子女融入学校、家庭融入社区、群体融入社会"的理想效果。

广州市文明办运用"互联网+创建"模式，为市民群众解决参与文明创建的"最后一公里"问题，并通过网络直播活动扩大市民教育的覆盖面和影响力。2017年，市民通过微信、网站反映文明创建问题达258件，反映问题办结率达100%。受惠于服务的创新与贴心，99.94%的受访市民表示支持广州开展创建全国文明城市工作，社会对文明创建的满意度、认可度不断提升。

志愿服务是社会治理的一种方式，也是营造共建、共治、共享社会治理格局的重要力量。截至2018年3月，广州注册志愿者总数达206万人，社区义工69万人，成立了广州志愿者联合会、广州市义务工作者联合会、广州青年志愿者协会、广州志愿驿站联合会等志愿服务组织9645个，全市各界建立志愿服务队伍1.6万多支，其中机关企事业单位党员志愿服务队伍4364支，注册志愿者（义工）占常住人口的比例为13%，志愿服务（义工服务）累计时间达3123.2万小时，我为人人、人人为我的社会氛围日益浓厚。①

总体而言，坚持物质文明和精神文明两手抓、两手都要硬，是我国社会主义精神文明建设的战略方针，也是我们党在长期实践中形成的深刻经验总结。学习贯彻习近平新时代中国特色社会主义思想和习总书记重要讲话精神，推动广东新时代精神文明建设，广东省各地区、各部门旗帜鲜明讲政治，牢固树立"四个意识"，坚定"四个自信"，坚决维护习近平总书记核心地位，坚决维护以习近平同志为核心的党中央权威和集中统一领导。同时，各级党委政府要切实承担起主体责任，领导干部

---

① 《广州以精神文明建设助力营造共建共治共享社会治理格局》，《广州日报》2018年4月4日。

第四章　关于物质文明和精神文明协调发展的重要论述和实践

要以身作则、带头示范，进一步加强统筹协调，完善领导体制和工作机制，形成齐抓共管的工作格局。要加强督促检查，强化跟踪问效，严肃追责问责，弘扬务实作风，落到实处，努力让物质文明和精神文明比翼双飞，为新时代广东和广州的改革发展凝聚精神、汇集力量。①

---

① 南方日报评论员：《努力谱写广东精神文明建设新篇章》，《南方日报》2018年5月16日。

第五章　新时代协调发展的特点和方法

习近平总书记指出，下好"十三五"时期发展的全国一盘棋，协调发展是制胜要诀。① 随着中国特色社会主义进入新时代，协调发展作为时代需要呼之欲出，作为时代行动已有探索。探索经过梳理成为经验，成为引领发展的方法论。党的十八大以来，习近平总书记围绕协调发展做出一系列重要论述，为推进协调发展提供了行动指南和基本遵循。本章将深入梳理习近平新时代中国特色社会主义思想的脉络，呈现新时代协调发展的基本特点和主要方法。

第一节　新时代协调发展的基本特点

时代是表述特定社会历史阶段的范畴，不同时代有不同内涵。党的十九大报告指出，中国特色社会主义进入了新时代，这是对我国发展新的历史方位的科学判断。这意味着近代以来久经磨难的中华民族迎来了从站起来、富起来到强起来的伟大飞跃，迎来了实现中华民族伟大复兴

---

① 习近平：《在省部级主要领导干部学习贯彻党的十八届五中全会精神专题研讨班上的讲话（2016年1月18日）》，《人民日报》2016年5月10日，第2版。

的光明前景;意味着科学社会主义在 21 世纪的中国焕发出强大生机活力,在世界上高高举起了中国特色社会主义伟大旗帜;意味着中国特色社会主义道路、理论、制度、文化不断发展,拓展了发展中国家走向现代化的途径,给世界上那些既希望加快发展又希望保持自身独立性的国家和民族提供了全新选择,为解决人类问题贡献了中国智慧和中国方案。这"三个意味着",从中华民族的命运、社会主义的命运和世界发展的命运三个维度,勾画出中国特色社会主义进入新时代的参照坐标,也为协调发展提供了历史方向的明确定位。①

习近平总书记指出,"新形势下,协调发展具有一些新特点。比如,协调既是发展手段又是发展目标,同时还是评价发展的标准和尺度。再比如,协调是发展两点论和重点论的统一,一个国家、一个地区乃至一个行业在其特定发展时期既有发展优势、也存在制约因素,在发展思路上既要着力破解难题、补齐短板,又要考虑巩固和厚植原有优势,两方面相辅相成、相得益彰,才能实现高水平发展。又比如,协调是发展平衡和不平衡的统一,由平衡到不平衡再到新的平衡是事物发展的基本规律。平衡是相对的,不平衡是绝对的。强调协调发展不是搞平均主义,而是更注重发展机会公平,更注重资源配置均衡。还比如,协调是发展短板和潜力的统一,我国正处于由中等收入国家向高收入国家迈进的阶段,国际经验表明,这个阶段是各种矛盾集中爆发的时期,发展不协调、存在诸多短板也是难免的。协调发展,就要找出短板,在补齐短板上多用力,通过补齐短板挖掘发展潜力、增强发展后劲"。②

综上所述,新时代的协调发展主要包括以下几个方面。

---

① 陈晋:《深刻理解中国特色社会主义进入新时代》,《人民日报》2017 年 11 月 8 日。
② 习近平:《在省部级主要领导干部学习贯彻党的十八届五中全会精神专题研讨班上的讲话(2016 年 1 月 18 日)》,《人民日报》2016 年 5 月 10 日,第 2 版。

一　全方位的协调发展

从习近平新时代中国特色社会主义思想的理论文本中可以看到，新时代协调发展是深入推进"四个全面""五位一体""四个伟大"的重要举措，是全方位的协调发展。

（一）协调发展指向"四个全面"的协调

党的十八大以来，以习近平同志为核心的党中央从坚持和发展中国特色社会主义全局出发，立足我国发展实际，坚持问题导向，逐步形成并协调推进全面建成小康社会、全面深化改革、全面依法治国、全面从严治党的战略布局。"四个全面"战略布局是习近平同志治国理政新理念新思想新战略的重要内容，是坚持和发展中国特色社会主义新探索新实践的重要体现。实践证明，协调推进"四个全面"战略布局，是把握发展机遇、赢得发展新优势、战胜各种风险挑战的必然选择，是实现"两个一百年"奋斗目标和中华民族伟大复兴中国梦的重要保障。"四个全面"战略布局，相互之间密切联系、有机统一。全面建成小康社会是重大战略目标，在"四个全面"战略布局中居于引领地位。全面深化改革、全面依法治国、全面从严治党是三大战略举措，其中，全面深化改革是推动中国特色社会主义事业发展的强大动力，全面依法治国是实现党和国家长治久安的重要保障，全面从严治党为全面建成小康社会、全面深化改革、全面依法治国提供根本保证。在实际工作中，必须做到"四个全面"战略布局协调推进。①

（二）协调发展指向"五位一体"的协调

随着中国经济发展步入多元复合转型的重要战略机遇期，经济社会

---

① 李朴民：《协调推进"四个全面"战略布局》，《人民日报》2017年4月6日。

面临诸多矛盾叠加、风险隐患加剧，以习近平同志为核心的党中央统筹推进经济建设、政治建设、文化建设、社会建设、生态建设。"五位一体"总体布局虽涉及不同领域，有各自特殊的内容和规律，但它们之间是有机统一、不可分割、相辅相成、相互促进的辩证统一关系。经济建设是建设中国特色社会主义政治、文化、社会、生态文明的前提和基础，其核心是激发群众的创造性、发展生产力，为现代化建设奠定坚实的物质生活基础；政治建设就是继续推进并深化政治体制改革，发展社会主义民主政治，建设法治国家，给每个人的发展创造平等的地位、均等的机会；文化建设就是用先进的价值观武装国民，提供强有力的精神动力和智力支持，营造丰富多彩的新生活；社会建设就是不断创新社会管理新模式；生态文明建设就是提供幸福、健康、宜人的生活环境。"五位一体"是相互联系、相互促进、相辅相成的统一整体。这一战略布局，是科学发展的总体布局，有原则要求，有政策安排，有举措方法，是一个有机整体，其中经济建设是根本，政治建设是保证，文化建设是灵魂，社会建设是条件，生态文明建设是基础。坚持"五位一体"建设全面推进、协调发展，才能形成经济富裕、政治民主、文化繁荣、社会公平、生态良好的发展格局，把中国建设成为富强民主文明和谐的社会主义现代化国家。[①]

（三）协调发展指向"四个伟大"的协调

党的十九大报告紧扣新时代中国共产党的历史使命，以全局视野和战略眼光，对进行伟大斗争、建设伟大工程、推进伟大事业、实现伟大梦想做出了全面部署。"四个伟大"是习近平新时代中国特色社会主义思想的主要实践和核心内容。"伟大斗争、伟大工程、伟大事业、伟大梦想"紧密联系、相互贯通、相互作用。在伟大斗争责任担当下推进"四

---

① 吴敬琏、刘鹤、樊纲：《中国经济新方位》，中信出版社，2017。

个伟大"、在伟大工程政治保证下推进"四个伟大"、在伟大事业旗帜指引下推进"四个伟大"、在伟大梦想目标领航下推进"四个伟大",需要以伟大工程为统领予以协调推进①。

二 以人民为中心的协调发展

党的十九大报告将"坚持以人民为中心"确立为新时代坚持和发展中国特色社会主义的基本方略之一,这意味着不仅在经济社会发展方面要坚持以人民为中心的发展思想,而且在中国特色社会主义事业诸领域、各方面与全过程都必须坚持以人民为中心。

党的十八届五中全会创造性地提出了"创新、协调、绿色、开放、共享"的新发展理念。发展思想是发展理念的内在规定,昭示着发展的性质;发展理念是发展思想的外在展现,昭示着发展的方向。因此,以人民为中心是五大发展理念之魂,协调发展理念更是实践"以人民为中心"的正确路径②。

一方面,以人民为中心的协调发展强调公平正义的价值旨归。坚持以人民为中心、促进社会公平正义在党的十九大报告中多次被强调,新时代我国社会主要矛盾是人民日益增长的美好生活需要和不平衡不充分的发展之间的矛盾,必须坚持以人民为中心的发展思想,不断促进人的全面发展、全体人民共同富裕;必须多谋民生之利、多解民生之忧,在发展中补齐民生短板、促进社会公平正义。③ 习近平总书记多次强调坚持区域协调发展、城乡协调发展,进而促进整体平衡发展,从而实现全体人民福祉获取上的公平正义。近年来,从实践上看,比如区域协调发展,以习近平同志为核心的党中央提出并重点实施"一带一路"建设、京津

---

① 彭晓春:《统筹推进"四个伟大"》,《学习时报》2017年11月1日。
② 魏立平:《以人民为中心:五大发展理念之魂》,《中国党政干部论坛》2016年第8期。
③ 史瑞杰:《以人民为中心是社会公平正义的价值旨归》,《天津日报》2017年11月17日。

冀协同发展、长江经济带发展三大战略，区域协调发展的路线更加清晰。

另一方面，以人民为中心的协调发展强调不断增强老百姓的获得感、幸福感和安全感。重视和关注人民群众的获得感、幸福感、安全感是我们党对改革实践进行理性反思的成果，是我们党"以人民为中心"根本立场的具体体现，三者之间既相互关联，又相互渗透。在党的十九大报告中，习近平总书记首次将人民获得感、幸福感、安全感并列提出，深化了对改革目的和发展归宿的认识。习近平总书记强调，要使人民获得感、幸福感、安全感更加充实、更有保障、更可持续。这三个方面之间是相辅相成的整体，是需要协调发展的部分。人民获得感的增进是幸福感和安全感提升的基础；幸福感以获得感和安全感为前提，增进人民幸福感是核心和目的；安全感的提升是获得感和幸福感的基本条件，增进人民安全感是保障。[①]

三　坚持党的全面领导的协调发展

坚持党的全面领导是协调发展的政治保障。党的十九大报告的一个重要内容就是深刻阐述加强党的全面领导的根本原则和根本意义，对全面加强党的建设做出战略部署和全新要求。习近平新时代中国特色社会主义思想的鲜明特征就是始终坚持加强党的全面领导，极端重视全面加强党的建设。坚持党的全面领导是中国特色社会主义的本质特征和根本属性，也是统筹推进"四个全面"战略布局和"五位一体"总体布局的基本要求。当前，协调发展是一项系统工程，牵涉面广、复杂艰巨，需要由中国共产党这一先进政治力量统领。

坚持党的全面领导的协调发展，关键是牢固树立"四个意识"。习近平总书记在庆祝中国共产党成立 95 周年大会上的讲话强调，全党同志要

---

① 马振清、刘隆:《获得感、幸福感、安全感的深层逻辑联系》，《人民论坛》2017 年 12 月 15 日。

增强政治意识、大局意识、核心意识、看齐意识，切实做到对党忠诚、为党分忧、为党担责、为党尽责。牢固树立"四个意识"，就是要旗帜鲜明讲政治，要不折不扣落实党中央的决策部署。协调发展的过程涉及中央与地方、地方与地方、部门之间、政府与市场和群众之间的利益协调，势必要求各地方各部门自觉在思想上、政治上、行动上同党中央保持高度一致，一分部署，九分落实，让协调发展落到实处、落到深处、落到细处。

坚持党的全面领导的协调发展，重点是加强基层组织建设。党的十九大报告明确提出，要把基层党组织建设成为宣传党的主张、贯彻党的决定、领导基层治理、团结动员群众、推动改革发展的坚强战斗堡垒。当前，基层组织是推进协调发展的"火车头""领头雁"，需要以提升组织力为重点，突出政治功能；以提升执行力为根本，突出作用发挥；以提升战斗力为关键，突出全面从严，从而为协调发展提供坚实基础和有力保障。

第二节　准确把握新时期协调发展的重大关系

坚持协调发展，要扎根于中国特色社会主义事业总体布局，关键在于处理好发展过程中的重大关系，具体表现在推动区域协调发展、推动城乡协调发展、推动物质文明和精神文明协调发展等，本质上是要妥善处理平衡与不平衡、当前与长远、全面与局部等关系。

一　平衡与不平衡

协调发展的目的是平衡发展，问题指向是当前的不平衡发展状况。这一重大关系的处理就是对"木桶"效应的准确把握。改革开放40年来，在经济发展水平落后的情况下，中国在一段时间的主要任务是要跑得快，但跑过一定路程后，就要注意调整关系，注重发展的整体效能，否则"木桶"效应就会愈加显现，一系列社会矛盾会不断加深。如果到2020年中国在经济总量和速度上完成了目标，但发展不平衡、不协调、不可持续问题更加严重，短板更加突出，就算不上真正实现了目标。在此背景下，提高发展的平衡性、协调性和可持续性更加重要。

党的十八届五中全会聚焦全面建成小康社会和基本实现社会主义现代化目标，提出协调发展理念，旨在补齐发展短板，解决发展不平衡问题，体现了目标导向和问题导向。习近平总书记指出，协调是发展两点论和重点论的统一，在发展思路上既要着力破解难题、补齐短板，又要考虑巩固和厚植原有优势；协调是发展平衡和不平衡的统一，平衡是相对的，不平衡是绝对的，强调协调发展不是搞平均主义，而是更注重发展机会公平，更注重资源配置均衡；协调是发展短板和潜力的统一，要通过补齐短板挖掘发展潜力、增强发展后劲。

"三个统一"揭示了协调发展的内在规律，我们要辩证运用均衡发展战略与非均衡发展战略，扬长避短、扬长克短、扬长补短，既着眼于发挥优势，使长板更长更厚实，又致力于补齐短板，实现现有劣势向后发优势的转化。[1]

二　当前与长远

不谋万世者，不足谋一时。习近平总书记指出："我们做一切工作，都必须统筹兼顾，处理好当前与长远的关系。我们强调求实效、谋长远，求的不仅是一时之效，更有意义的是求得长远之效。当前有成效、长远可持续的事要放胆去做，当前不见效、长远打基础的事也要努力去做。"[2]

协调发展是当前与长远的有机统一。协调发展是关系我国发展全局的

---

[1] 中共浙江省委中心组：《推进协调发展理念的浙江新实践——学习习近平总书记关于协调发展的重要论述》，《求是》2016年第12期。

[2] 习近平：《之江新语》，浙江人民出版社，2007，第86页。

一场深刻变革，党中央要求按照中国特色社会主义事业总体布局和"四个全面"战略布局，在坚持以经济建设为中心的同时，全面推进政治建设、文化建设、社会建设、生态文明建设，促进现代化建设各个方面、各个环节相协调，促进生产关系与生产力、上层建筑与经济基础相协调。① 当下，协调发展需要调整物质利益和经济政治权力，加之全面深化改革本身又是极为艰巨复杂的事业，难免会遇到各种各样的矛盾冲突，因此，权衡利弊，因势利导，正确处理和妥善调整当前利益和长远利益显得至关重要。

从党的十九大报告对国家发展的定位看，当前利益包括全面建成小康社会，不断提升人民群众获得感、幸福感和安全感、进而推进实现长远目标——中华民族伟大复兴中国梦，它们有机统一于共产主义远大理想和中国特色社会主义共同理想之中。立足当前求实效，就是要立足于社会主义初级阶段这个最大国情与最大实际，聚精会神抓好发展这个党执政兴国的第一要务。着眼长远求长效，就是要着眼于实现"两个一百年"奋斗目标、实现中华民族伟大复兴中国梦，锐意进取，攻坚克难，谱写改革开放伟大事业历史新篇章。②

三　全面与局部

全面和局部是对立的统一。全面指事物的整体及其发展的全过程；局部指组成事物整体的各个部分、各个方面以及发展的各个阶段。习近平总书记既高度重视"全面"，又反复强调"精细"。在协调发展方面，既增强协调发展的整体性，又增强协调发展的精细性，是习近平新时代中国特色社会主义思想的应有之义。

正确处理全面和局部的关系，首先要弄清楚什么是"全面"。当前党

---

① 任理轩：《坚持协调发展（深入学习贯彻习近平同志系列重要讲话精神）》，《人民日报》2015年12月21日，第7版。
② 郑友岩：《立足当前与着眼长远》，《领导之友》2017年第1期。

和国家中心工作的"全面"的重点是全面建成小康社会,为基本实现社会主义现代化奠定坚实基础。全面小康,重在"全面",难在"全面"。这个"全面",既要城市繁荣,也不让农村凋敝;既要东部率先,也要西部开发、中部崛起、东北振兴;既要物质丰裕,也要精神丰富;既要金山银山,也要绿水青山。

要"全面",就得协调。"全面"不是自然形成的,而是协调出来的。全面不能脱离局部而独立,同样,强调全面并不是对局部的否定。协调就是统筹兼顾、注重平衡、保持均势,把分散的部分系统化,把发散的局部功能整体化,把薄弱区域、薄弱领域、薄弱环节补起来,形成平衡发展结构,增强发展后劲。只有牢固树立协调发展理念,坚持协调发展,才能解决我国发展中存在的区域、城乡、物质文明和精神文明、经济建设和国防建设不协调问题,促进新型工业化、信息化、城镇化、农业现代化、绿色化同步发展,在增强国家硬实力的同时提升国家软实力,不断增强发展的整体效能,进而全面建成让人民满意的小康社会。①

第三节 贯彻协调发展理念的辩证方法

新发展理念要落地生根、变成普遍实践,关键在各级领导干部的认识和行动,重点是学懂、弄通、做实。在这其中,"知之愈明,则行之愈笃",要充分把握协调发展的规律性。以习近平同志为核心的党中央要求,发展必须是遵循经济规律的科学发展,必须是遵循自然规律的可持续发展,必须是遵循社会规律的包容性发展,必须着力提高发展的协调性和平衡性,强调要遵循经济规律、自然规律、社会规律,实现科学发展、可持续发展、包容性发展,提高发展的协调性和平衡性。这些认识体现了马克思主义的

---

① 任理轩:《坚持协调发展(深入学习贯彻习近平同志系列重要讲话精神)》,《人民日报》2015年12月21日,第7版。

辩证法，是当代中国切实管用的协调发展观和方法论。①

习近平总书记在省部级主要领导干部学习贯彻党的十八届五中全会精神专题研讨班上的讲话更是专门强调，要用好辩证法，对贯彻落实新发展理念进行科学设计。习近平总书记指出，新发展理念的提出，是对辩证法的运用；新发展理念的实施，离不开辩证法的指导。要坚持系统的观点，依照新发展理念的整体性和关联性进行系统设计，做到相互促进、齐头并进，不能单打独斗、顾此失彼，不能偏执一方、畸轻畸重。要坚持"两点论"和"重点论"的统一，善于厘清主要矛盾和次要矛盾、矛盾的主要方面和次要方面，区分轻重缓急，在兼顾一般的同时紧紧抓住主要矛盾和矛盾的主要方面，以重点突破带动整体推进，在整体推进中实现重点突破。要遵循对立统一规律、质量互变规律、否定之否定规律，善于把握发展的普遍性和特殊性、渐进性和飞跃性、前进性和曲折性，坚持继承和创新相统一，既求真务实、稳扎稳打，又与时俱进、敢闯敢拼。要坚持具体问题具体分析，"入山问樵、入水问渔"，一切以时间、地点、条件为转移，善于进行交换比较，善于把握工作的时、度、效。②

一 目标导向和问题导向的方法

习近平总书记在对"十三五"规划建议做说明时指出："坚持目标导向和问题导向相统一，既从实现全面建成小康社会目标倒推，厘清到时间节点必须完成的任务，又从迫切需要解决的问题顺推，明确破解难题的途径和办法。"③ 习近平总书记的两个导向正是协调发展的重要方法论。

---

① 任理轩：《坚持协调发展（深入学习贯彻习近平同志系列重要讲话精神）》，《人民日报》2015年12月21日，第7版。
② 习近平：《在省部级主要领导干部学习贯彻党的十八届五中全会精神专题研讨班上的讲话（2016年1月18日）》，《人民日报》2016年5月10日，第2版。
③ 习近平：《关于〈中共中央关于制定国民经济和社会发展第十三个五年规划的建议〉的说明》，《〈中共中央关于制定国民经济和社会发展第十三个五年规划的建议〉辅导读本》，人民出版社，2015，第67页。

目标导向思维是一种反向思维方式，是从目标倒推到起点，以满足实现目标为前提，倒推资源配置、倒推时间分配，然后再链接战略战术、链接方法手段，是一种倒推法。目标导向思维模式的成功有两个关键：一是目标的制定一定是经过科学分析过的；二是必须要有强有力的执行力，通过资源链接、整合、流程管理等措施来保证目标的实现。

问题导向就是呼应时代需要。问题就是时代的口号，是它表现自己精神状态的最实际的呼声。每个时代总有属于它自己的问题，只要科学地认识、准确地把握、正确地解决这些问题，就能够把我们的社会不断推向前进。[①]

目标导向和问题导向的科学结合，体现在习近平新时代中国特色社会主义思想对于解决协调发展的问题定位和方法论述中。比如，区域协调发展是统筹发展的重要内容，与城乡协调发展紧密相关。区域发展不平衡有经济规律作用的因素，但区域差距过大也是需要重视的政治问题。区域协调发展不是平均发展、同构发展，而是优势互补的差别化协调发展。又如，城乡一体化要协调好，城乡一体的人员流动、布局、社会发展等问题都要规划好。城乡联动，就是要打破城乡二元结构，把发展块状经济与推进城市化结合起来，与推进区域经济协调发展结合起来，与加快农业农村现代化结合起来。同时，要以辩证的、全面的、平衡的观点正确处理物质文明和精神文明的关系，只有物质文明建设和精神文明建设都搞好，国家物质力量和精神力量都增强，全国各族人民物质生活和精神生活都改善，中国特色社会主义事业才能顺利向前推进，等等。

目标导向与问题导向相结合，既要创新推进，也要守住底线。贯彻落实协调发展理念，必须创造性发挥改革的推动作用、法治的保障作用。一个新理念的确立，总是同旧理念的破除相伴随的，正所谓不破不立。贯彻落实协调发展理念，涉及一系列思维方式、行为方式、工作方式的

---

① 韩庆祥：《坚持问题导向是党治国理政的鲜明特点》，《理论导报》2016年第12期。

变革，涉及一系列工作关系、社会关系、利益关系的调整，不改革就只能是坐而论道，最终到不了彼岸。习近平总书记强调要创新手段，在贯彻落实各项政策中，对中央改革方案中的原则性要求，可以结合实际，进一步具体化；遇到改革方案的空白点，可以积极探索、大胆试验；遇到思想阻力和工作阻力，要努力排除，不能退让和妥协，不能松懈斗志、半途而废。同时，习近平总书记指出，要守住底线，在贯彻落实新发展理念中及时化解矛盾风险。① 深化协调发展，推进中国特色社会主义是一项长期而艰巨的历史任务，必须准备进行具有许多新的历史特点的伟大斗争。当前和今后一个时期，中国在国际国内面临的矛盾风险挑战都不少，各种矛盾风险挑战源、各类矛盾风险挑战点相互交织、相互作用。如果防范不及、应对不力，就会传导、叠加、演变、升级，使小的矛盾风险挑战发展成大的矛盾风险挑战，局部的矛盾风险挑战发展成系统的矛盾风险挑战，国际上的矛盾风险挑战演变为国内的矛盾风险挑战，经济、政治、社会、文化和生态领域的协调发展就会面临重大考验。因此，推动协调发展，前提是国家安全和社会稳定。没有安全和稳定，一切都无从谈起。"明者防祸于未萌，智者图患于将来"，必须积极主动、未雨绸缪，见微知著、防微杜渐，下好先手棋，打好主动仗，做好应对任何形式的矛盾风险挑战的准备。②

二 "弹钢琴"的方法

习近平总书记指出，在中国当领导人，必须在把情况搞清楚的基础上，统筹兼顾、综合平衡，突出重点、带动全局，有的时候要抓大放小、以大兼小，有的时候又要以小带大、小中见大，形象地说，就是要十个

---

① 习近平：《在省部级主要领导干部学习贯彻党的十八届五中全会精神专题研讨班上的讲话（2016年1月18日）》，《人民日报》2016年5月10日，第3版。
② 习近平：《在省部级主要领导干部学习贯彻党的十八届五中全会精神专题研讨班上的讲话（2016年1月18日）》，《人民日报》2016年5月10日，第3版。

指头弹钢琴。

"弹钢琴"就是统筹兼顾，是协调发展的必要举措。面对执政和管理过程中各种复杂的工作，毛泽东同志提倡要学会统筹兼顾，并形象地称之为"弹钢琴"。"弹钢琴要十个指头都动作，不能有的动，有的不动。但是，十个指头同时都按下去，那也不成调子。要产生好的音乐，十个指头的动作要有节奏，要互相配合。学会'弹钢琴'，不但要心中有'谱'，而且还要胸中有'数'。钢琴有多少键，每个键能弹出什么音符，必须了如指掌"。① 这种简明的道理背后的理论深意在于，做事情要全方位考虑，要有节奏，要相互配合，统筹兼顾主要矛盾和次要矛盾，这样才能把工作做好。

从某种意义上，"弹钢琴"与"协调发展"具有内在契合性，唯物辩证法是两者共同的理论源泉——解决问题时要兼顾各方。2015年1月23日，习近平总书记在主持中央政治局第二十次集体学习时强调，既要注重总体谋划，又要注重牵住"牛鼻子"。根据习近平总书记这一重要论述，在任何工作中，领导干部既要讲两点论，又要讲重点论，没有主次，不加区别，眉毛胡子一把抓，是做不好工作的。习近平总书记也多次强调从当前我国发展中不平衡、不协调、不可持续的突出问题出发，着力推动区域协调发展、城乡协调发展、物质文明和精神文明协调发展，推动经济建设和国防建设融合发展。② 这一基本思路也是党的十八届五中全会在部署协调发展时强调的重点内容，与"弹钢琴"的方法论高度契合。易言之，十个指头弹钢琴，这是方法；十个指头各司其职，各个琴键才能奏出一曲和谐的乐章，这正是协调发展的重要目标。

协调发展要善于在"操作"中"弹钢琴"。推进新时代的协调发展，

---

① 张太原：《今天如何"弹钢琴"——〈党委会的工作方法〉的一个重要要求》，《北京日报》2016年3月7日。

② 习近平：《之江新语》，浙江人民出版社，2013，第22页。

就要把握全局、突出重点，统筹谋划、有序推进，为加快协调发展营造良好的环境。当前，无论是国家层面还是省市层面面临的竞争日益激烈、局面纷繁复杂、工作千头万绪，领导干部既要熟悉全盘，全方位掌握工作大局，科学分析工作任务，认真厘清工作头绪，做到前瞻思考、细致谋划、高效推进；又要突出重点，在繁杂的事务中，处理好全面工作与重点工作的关系，主要矛盾与次要矛盾的关系，当前工作与长远工作的关系，分清轻重缓急，找出影响全局、制约发展的薄弱环节，抓住不放、集中力量去解决；还要统筹兼顾，把上下左右的关系沟通好、处理好，实现各方面、各层面、各部门的协调互动，确保各项工作有序、高效运转。其中，既要弹好"主音"，也要弹好"合音"，还要弹好"配音"，要跟上节拍，不能慢拍子、不能抢拍子、更不能掉链子。

三 "钉钉子"的方法

2013年2月28日，习近平总书记在党的十八届二中全会第二次全体会议上讲话指出，我们要有钉钉子的精神，钉钉子往往不是一锤子就能钉好的，而是要一锤一锤接着敲，直到把钉子钉实钉牢，钉牢一颗再钉下一颗，不断钉下去，必然大有成效。如果东一榔头西一棒子，结果很可能是一颗钉子都钉不上、钉不牢。我们要有"功成不必在我"的精神。一张好的蓝图，只要是科学的、切合实际的、符合人民愿望的，大家就要一茬一茬接着干，干出来的都是实绩，广大干部群众都会看在眼里、记在心里。①

"钉钉子精神"背后是"钉钉子"的方法。协调发展是一项复杂工程，需要"钉钉子"，需要一任接着一任干，要避免一种现象：换一届领导就兜底翻，完全不考虑协调发展工作的稳定性和连续性。倘若东一榔头西一棒子，协调发展的"钉子"不可能钉得上、钉得牢。如果

---

① 习近平：《发扬钉钉子的精神，一张好的蓝图一干到底》，载《习近平谈治国理政》，外文出版社，2014，第400页。

"李县长挖，张县长填，王县长来了不知怎么圆"，人民群众不可能认可、不可能满意。政贵有恒，一张好的协调发展的蓝图，只要是科学的、切合实际的、符合人民愿望的，大家就要一茬接着一茬干，钉牢一颗钉子再钉下一颗。为官一方，为政一时，协调发展需要这种锲而不舍的韧劲、功成不必在我的境界；落实党的十九大精神，推进协调发展，早日实现"中国梦"，应该有这样的历史观、发展观、政绩观。①

"钉钉子精神"和"钉钉子"要求"一分部署，九分落实"成为协调发展过程的方法自觉。2013年11月，习近平总书记在山东考察时提出了"一分部署，九分落实"的重要说法，已经成为指导改革发展工作有效推进的重要指针。"钉钉子精神"和"钉钉子"落到细处就是真抓实干、狠抓落实。在协调发展过程中，把钉子钉下去，抓铁留痕，踏实留印，需要落实，需要明确责任人，党政主要负责同志亲自抓、带头干、挑重担、啃硬骨头需要明确时间表，一项一项抓，分解任务，推进工作；需要强化督查，眼睛向下，脚步向下，抓住要害，打通关节，疏通堵点，提升质量。

当前，"钉钉子精神"和"钉钉子"要求更广泛、更有效地调动干部队伍积极性。习近平总书记指出，这个问题极为重要，现在看来也十分紧迫。党的干部是党的事业的骨干。总的看，我们的干部队伍素质不断提高、结构明显改善，总体上适应事业发展需要，特别是大批优秀年轻干部正在成长。同时，受成长经历、社会环境、政治生态等多方面因素影响，当前干部队伍也存在种种复杂情况，一个突出问题是部分干部思想困惑增多、积极性不高，存在一定程度的"为官不为"。一是能力不足而"不能为"，二是动力不足而"不想为"，三是担当不足而"不敢为"。习近平总书记强调，各级党委要不等不拖、辩证施策，争取尽快扭转。要加强对干部的教育培训，针对干部的知识空白、经验盲区、能力

---

① 正伟：《干事业要有"钉钉子精神"》，《人民日报》2013年3月7日，第1版。

弱项，开展精准化的理论培训、政策培训、科技培训、管理培训、法规培训，突出针对性和实效性，从而增加兴奋点、消除困惑点，增强工作责任感和使命感，增强适应新形势新任务的信心和能力。要把严格管理干部和热情关心干部结合起来，既要求干部自觉履行组织赋予的各项职责，严格按照党的原则、纪律、规矩办事，不滥用权力、违纪违法，又对干部政治上激励、工作上支持、待遇上保障、心理上关怀，让广大干部安心、安身、安业，推动广大干部心情舒畅、充满信心，积极作为、敢于担当。要把干部在推进改革中因缺乏经验、先行先试出现的失误和错误，同明知故犯的违纪违法行为区分开来；把上级尚无明确限制的探索性试验中的失误和错误，同上级明令禁止后依然我行我素的违纪违法行为区分开来；把为推动发展的无意过失，同为谋取私利的违纪违法行为区分开来，保护那些作风正派又敢作敢为、锐意进取的干部，最大限度调动广大干部的积极性、主动性、创造性，激励他们更好带领群众干事创业，确保如期全面建成小康社会，不断开创社会主义现代化建设新局面。①

四 "补短板"的方法

"补短板"的方法源于"短板理论"，指盛水的木桶是由许多块木板箍成的，盛水量也是由这些木板共同决定的。假如其中某一块木板很短，那么木桶的盛水量就受限制。这块短板就成了这个木桶盛水量的"限制因素"，这种现象也称为"短板效应"。若要增加木桶盛水量，只有换掉短板或将短板加长。全面建成小康社会，关键是把经济社会发展的短板补上，强化优势部分，否则就会贻误全局。习近平总书记强调，谋划"十三五"时期经济社会发展，必须全力做好补齐短板这篇大文章，着力提高发展的协调性和平衡性。

---

① 习近平：《在省部级主要领导干部学习贯彻党的十八届五中全会精神专题研讨班上的讲话（2016年1月18日）》，《人民日报》2016年5月10日，第3版。

习近平总书记高度重视区域发展、城乡发展不协调问题中的短板。他指出，协调发展就要找出短板，在补齐短板上多用力。补短板，有一个确立什么样的标杆和指向的问题。比如，在 2013 年中央农村工作会议上习近平总书记就指出："我多次讲，小康不小康，关键看老乡。一定要看到，农业还是'四化同步'的短腿，农村还是全面建成小康社会的短板。中国要强，农业必须强；中国要美，农村必须美；中国要富，农民必须富。农业基础稳固，农村和谐稳定，农民安居乐业，整个大局就有保障，各项工作都会比较主动。"① 通过补短板推动协调发展，关键在于消除冲突性、对抗性、排斥性，通过做大增量、弥补存量、充实体量，促进各项工作的良性协调。这一理念将更好地激活不同区域之所长，进而开辟中国城乡区域发展的新阶段新空间。②

"一花独放不是春，万紫千红春满园。""补短板"说到底是提高发展均衡性。以习近平同志为核心的党中央反复强调，必须全力做好补齐短板这篇大文章。做好"补齐短板"这篇大文章，要持续增强补短板意识，把补短板与谋发展、促发展结合起来，通过补短板调整比例、优化结构，增强后发优势、培植发展后劲。下决心优先解决涉及发展全局的那些"心头之患"，补齐补牢可能导致改革发展功亏一篑的短板弱项；把补短板作为一个动态过程加以评判、定位和破解，防止出现新的短板，不断增强发展的协调性、均衡性和效能性。牢固树立协调理念，坚持补齐短板，填充弱项，推进协调发展，与牢固树立和贯彻落实创新、绿色、开放、共享发展理念一起，必将引领实现全面建成小康社会目标、实现中华民族伟大复兴的中国梦稳步前进。③

---

① 《十八大以来重要文献选编》（上），中央文献出版社，2014，第 658 页。
② 《协调发展理念"新"在哪里》，新华网，http://www.xinhuanet.com/politics/2016－05/10/c_128972600.htm，2016 年 5 月 10 日。
③ 中共浙江省委中心组：《推进协调发展理念的浙江新实践——学习习近平总书记关于协调发展的重要论述》，《求是》2016 年第 12 期。

第六章　协调推进新发展理念的全面落实

习近平总书记在党的十八届五中全会第二次全体会议上的讲话中指出，创新、协调、绿色、开放、共享这五大发展理念，是我们在深刻总结国内外发展经验教训的基础上形成的，集中反映了我们党对经济社会发展规律认识的深化，也是针对我国发展中的突出矛盾和问题提出来的。创新发展注意的是解决发展动力问题，协调发展注重的是解决发展不平衡问题，绿色发展注重的是解决人与自然和谐问题，开放发展注重的是解决发展内外联动问题，共享发展注重的是解决社会公平正义问题。这五大发展理念相互贯通、相互促进，是具有内在联系的集合体，要统一贯彻，不能顾此失彼，也不能相互替代。哪一个发展理念贯彻不到位，发展进程都会受到影响。① 我们要按照习近平总书记的要求，协调推进发展理念的全面落实，不断开拓发展新境界。

第一节　协调推进创新型国家建设

创新历来是经济社会发展中备受重视的活动。熊彼特在《经济发展

---

① 习近平：《在党的十八届五中全会第二次全体会议上的讲话（节选）》，《求是》2016年第1期。

理论》中首先提出创新的基本概念和思想,开启了以创新为专门研究对象的学科分支。从国家层面强调创新可追溯到李斯特,他把"生产力"看作由一系列科学技术、国民素质、社会政治状况及现有物质条件等因素构成的综合体,强调国家立足于自身条件以实施国民经济发展战略选择。创新型国家的研究源于知识经济的兴起,迈克尔·波特于1990年提出了创新型国家的概念,1996年,OECD首次提出以知识为基础的经济,开启了创新型国家研究的高潮。美国、欧盟、日本、韩国、印度、巴西等国家(地区)纷纷制定创新发展战略,通过加大科技创新力度,以实现经济发展转型并实现可持续发展。

一 建设创新型国家关键在于协同推进

创新型国家是我国发展的追求。我们国家要实现"强起来",不仅是物质财富的增加,而且是发展的全面提升,特别是发展能力自主性的增强。2006年1月9日,胡锦涛同志在全国科技大会上宣布中国将于2020年建成创新型国家这一目标后,我国出台了《中共中央国务院关于实施科技规划纲要增强自主创新能力的决定》和《国家中长期科学和技术发展规划纲要(2006—2020年)》,开启我国建设创新型国家的战略部署。近年以来,世界经济受金融危机影响而缺乏发展动力,各发达国家纷纷加大科技投入,希望通过创新重振经济并占领未来的发展高地。与此同时,以美国为首的发达国家在高科技领域加强对我国的封锁。只有突破高新科技障碍,实现我国从"制造大国"向"制造强国"和"创新强国"的转变,才能有力保障我国建成社会主义现代化强国。突破这一障碍必须加强创新型国家建设,正如习近平总书记指出的,关键核心技术是要不来、买不来、讨不来的。[①] 只有建立起创新型国家,牢牢掌握关键

---

① 习近平:《在中国科学院第十九次院士大会、中国工程院第十四次院士大会上的讲话(2018年5月28日)》,《人民日报》2018年5月29日,第2版。

核心技术，才能实现"强起来"。

（一）我国距离创新型国家仍有相当距离

工业化进程中，各国选择的道路各有不同，已有研究把各国实现工业化的做法归纳为三类。分别是资源型国家、依附型国家和创新型国家。相比之下，创新型国家有三个基本特征：一是创新投入高。这些国家研发（R&D）经费占GDP的比重一般都在2%以上。二是创新产出高。这些国家拥有的发明专利总数占全世界的90%以上。三是自主创新能力强。[1]

对于创新型国家的标准，目前较为公认的评估体系的评价范围各有不同。第一类是关于国家综合竞争力评价，科技创新是其中重要的内容，代表者如瑞士洛桑国际管理学院的《世界竞争力年鉴》和世界经济论坛的《全球竞争力报告》；第二类侧重国家创新能力评价，创新能力是创新型国家建设的重要方面，代表者如欧盟的《国家创新指数报告》、中国科学技术协会的《国家创新能力发展报告》；第三类是关于科技创新促进国家产业、经济、社会发展的评价，为创新型国家建设进程监测提供重要参考，代表者如欧盟的《创新型欧盟》、OECD的《科学、技术与产业记分牌》、中国科学院的《中国创新发展报告》、中国科学传播研究所的《创新型国家建设报告》。[2] 选择22个公认度较高的创新型国家进行对比，李平等的研究发现，在设立的经济发展、制度环境、社会发展和创新能力四个维度评价指标体系下，综合竞争力方面，中国仅比意大利高，经济发展、制度环境、社会发展和创新能力分别居倒数第1位、倒数第5

---

[1] 陈至立：《贯彻落实全国科技大会精神为建设创新型国家努力奋斗》，《中国软科学》2006年第9期。

[2] 陈华雄等：《典型的国家创新评价对我国创新型国家建设监测评估的评估》，《科技管理研究》2015年第22期。

位、倒数第 4 位和倒数第 6 位。① 因此,从这些细分的评价指标上,我国的创新型国家建设仍需要加快推进。

习近平总书记 2016 年 5 月 30 日在全国科技创新大会、两院院士大会、中国科协第九次全国代表大会上指出,"党中央今年颁布的《国家创新驱动发展战略纲要》明确,我国科技事业发展的目标是,到 2020 年时使我国进入创新型国家行列,到 2030 年时使我国进入创新型国家前列,到新中国成立 100 年时使我国成为世界科技强国"。② 同时指出,"我国已经成为具有重要影响力的科技大国,科技创新对经济社会发展的支撑和引领作用日益增强。同时,必须认识到,同建设世界科技强国的目标相比,我国发展还面临重大科技瓶颈,关键领域核心技术受制于人的格局没有从根本上改变,科技基础仍然薄弱,科技创新能力特别是原创能力还有很大差距"。③

(二) 协同推进创新型国家建设

建设创新型国家以实现我国经济社会发展的跨越已成为共识,着力于补齐创新型国家建设面临的各种短板,全国初步形成合力,2017 年,全社会 R&D 支出达到 1.76 万亿元,比 2012 年增长 70.9%。国际论文总量和被引用量居世界第二位,发明专利申请量、授权量都居世界前列。研发人员全时当量人数居世界第一位,科技进步贡献率从 2012 年的 52.2% 升至 57.5%。国家创新能力排名从 2012 年的世界第 20 位升至第 17 位。我国建设创新型国家已具备较好的基础条件。

由于历史与现实多方因素的制约,总体上看,我国关键核心技术受

---

① 李平等:《中国与创新型国家建设阶段及创新竞争力比较研究》,《经济纵横》2017 年第 8 期。
② 习近平:《为建设世界科技强国而奋斗——在全国科技创新大会、两院院士大会、中国科协第九次全国代表大会上的讲话 (2016 年 5 月 30 日)》,人民出版社,2016,第 3 页。
③ 习近平:《为建设世界科技强国而奋斗——在全国科技创新大会、两院院士大会、中国科协第九次全国代表大会上的讲话 (2016 年 5 月 30 日)》,人民出版社,2016,第 7 页。

协调发展理念研究:新时代全面发展的制胜要诀

制于人的局面尚未根本改变,创造新产业、引领未来发展的科技储备远远不够,产业还处于全球价值链中低端,军事、安全领域高技术方面同发达国家仍有较大差距。我们必须把发展基点放在创新上,通过创新培育发展新动力、塑造更多发挥先发优势的引领型发展。① 我国科学技术虽然在许多领域实现了突破,但距离创新型国家要求的战略性、整体性、系统性和协同性来说仍存在较为明显的短板。"我国科技在视野格局、创新能力、资源配置、体制政策等方面存在诸多不适应的地方。我国基础科学研究短板依然突出,企业对基础研究重视不够,重大原创性成果缺乏,底层基础技术、基础工艺能力不足,工业母机、高端芯片、基础软硬件、开发平台、基本算法、基础元器件、基础材料等瓶颈仍然突出,关键核心技术受制于人的局面没有得到根本性改变。我国技术研发聚焦产业发展瓶颈和需求不够,以全球视野谋划科技开放合作还不够,科技成果转化能力不强。我国人才发展体制机制还不完善,激发人才创新创造活力的激励机制还不健全,顶尖人才和团队比较缺乏。我国科技管理体制还不能完全适应建设世界科技强国的需要,科技体制改革许多重大决策落实还没有形成合力,科技创新政策与经济、产业政策的统筹衔接还不够,全社会鼓励创新、包容创新的机制和环境有待优化。"②

我国的科技底子薄,金融危机后各国加大研发创新的投入,加强贸易保护,我国的经济发展面临更加不利的外部环境。目前,我国经济社会发展进入了关键的转型时期,要实现经济发展模式的转变,创新成为必然选择。建设创新型国家要集全国之力,除充分发挥我国体制优势外,更需要注重以协同效应实现创新的整体推进。日本在建设创新型国家的过程中,特别注意通过实施相关政策形成协调机制。日本推进创新型国

---

① 习近平:《在中国科学院第十九次院士大会、中国工程院第十四次院士大会上的讲话(2018年5月28日)》,《人民日报》2018年5月29日,第2版。
② 习近平:《在中国科学院第十九次院士大会、中国工程院第十四次院士大会上的讲话(2018年5月28日)》,《人民日报》2018年5月29日,第2版。

家建设的每项施策都不是孤立的,都有与之配套的措施,如推进计划等,并及时修订现有法律的某些条款,以适应新的需要。法规政策的实施具有连续性,使各项改革围绕目标向纵深发展。① 建立开放式的创新体系要求将多元的创新主体全面纳入创新体系之中,才能形成创新合力。日本从战后的技术引进到模仿直至自主创新,走的是一脉相承的开放式创新道路。政府、企业非常重视与外部的合作关系,企业与高校、供应商、顾客之间的联系紧密,开放式创新环境促成了日本企业的成长、壮大。②

我国工业门类齐全,但各产业科技水平参差不齐,更没有形成有效的内在技术关联,关键的、核心的技术仍掌握在发达国家手中,严重制约了我国经济社会的高质量发展。我们应当协同推进地区、产业、部门、市场主体各方力量,全力攻克科技短板,占领技术前沿,形成内在紧密联系、协调有序的产学研政创新体系,向着建设创新型国家目标前进。

二 正确处理好前瞻性基础研究、应用基础研究的关系,建设国家科技创新体系

基础研究是我国创新型国家建设中的最大短板,也是建设国家科技创新体系中最为迫切需要解决的关键问题。虽然基础研究由于更具有公共性,一般难以直接产生经济效益,并需要持续的巨额投入,但是基础研究是整个国家创新体系的根基所在,是国家创新竞争力的根本体现。这些特点决定了国家必须在基础研究领域发挥决定性作用。

(一) 加强基础研究成为创新型国家的共同特征

基础研究由于对一国的创新能力具有深远的影响,重视和加强基础

---

① 曹勇、赵莉:《日本建设创新型国家的推进机制及其借鉴研究》,《中国科技论坛》2009年第7期。
② 曹勇、赵莉:《日本建设创新型国家的推进机制及其借鉴研究》,《中国科技论坛》2009年第7期。

研究已成为世界各国科技发展的战略重点。发达国家加强基础研究是希望能够继续保持在科技领域的领先地位，新兴经济体则希望通过大幅加大基础研究投入实现对发达国家的赶超。美国作为当今世界最强的创新型国家，无论在基础研究投入规模还是增速上都领先于其他国家。20世纪上半叶以来，美国基础研究经费始终保持强大的增长势头，总规模一直遥遥领先。2015年美国基础研究经费达到867.1亿美元。日本于1981年超过德国成为世界基础研究经费投入第二大国，2014年达到202.1亿美元。韩国作为后发追赶型国家，基础研究经费年均增速明显高于其他国家，2014年达到106.8亿美元。① 因此，无论是领先的国家还是后起追赶国家都在加大对基础研究的投入，并以此推进基础研究的发展。

我国基础研究支出占全国研究与试验发展经费比例较低，近几年我国基础研究经费投入快速增长，2012年仅为499亿元，2017年达到920亿元，增幅达84.4%，但基础研究支出在R&D投入中所占比重仅为5.26%。国际上科技发达国家基础研究投入占R&D投入多为15%～20%。与之相比，我国对基础研究的投入仍显不足。

（二）我国基础研究正在奋起直追

基础研究一直是我国的薄弱环节，随着我国经济社会迅速发展，中低端产业产能在我国已相对过剩，发达国家开始利用其掌握的前沿技术，给我国产业转型升级设置障碍。

正如习近平总书记指出的，"基础研究是整个科学体系的源头。要瞄准世界科技前沿，抓住大趋势，下好'先手棋'，打好基础、储备长远，甘于坐冷板凳，勇于做栽树人、挖井人"。② 2006年，国家开始提出建设

---

① 朱迎春：《创新型国家基础研究经费配置模式及其启示》，《中国科技论坛》2018年第2期。
② 习近平：《在中国科学院第十九次院士大会、中国工程院第十四次院士大会上的讲话（2018年5月28日）》，《人民日报》2018年5月29日，第2版。

创新型国家,党的十八大以来,中央在基础研究领域加大了资金支持、体制机制创新、人才引进和培养的力度。习近平同志在党的十八届五中全会上明确提出,我国应该设立国家级实验室,开拓前沿关键领域技术研究,2016年,全国科学技术大会确定了我国创新型国家建设"三步走"的路线图,加快建设基础研究平台,启动了国家实验室建设,支持北京怀柔、上海张江、安徽合肥建设综合性国家科学中心,与已布局建设的6个国家研究中心、530个国家重点实验室、346个国家工程技术研究中心等形成梯次布局。①

(三) 处理好前瞻性基础研究与应用性基础研究的关系

习近平总书记指出,"要加大应用基础研究力度,以推动重大科技项目为抓手,打通'最后一公里',拆除阻碍产业化的'篱笆墙',疏通应用基础研究和产业化连接的快车道,促进创新链和产业链精准对接,加快科研成果从样品到产品再到商品的转化,把科技成果充分应用到现代化事业中去"。② 应用性基础研究不仅要对前瞻性基础研究获得的技术成果进行市场甄别,而且需要打通这些技术成果向产业产品转化的通道,从而完成新的产业链的构建。因此,前瞻性基础研究与应用性基础研究具有严密的内在联系,前瞻性基础研究更具有开拓性,也具有很大的不确定性,关系国家在未来科技领域的战略地位。应用性基础研究则必须立足于市场需求,将研发成果转化为新产业、新产品,形成现实的市场竞争力。

处理好前瞻性基础研究与应用性基础性研究的关系,是我国创新型国家建设中必须解决的重要问题。处理前瞻性基础研究与应用性基础研究间的关系,需要以协调发展理念进行指导。要充分发挥体制优势,准确判断

---

① 万钢:《以习近平新时代中国特色社会主义思想为指导 加快建设创新型国家和世界科技强国》,《时事报告》2018年第3期。
② 习近平:《在中国科学院第十九次院士大会、中国工程院第十四次院士大会上的讲话(2018年5月28日)》,《人民日报》2018年5月29日,第2版。

世界科技发展趋势，一方面统筹部署重大领域的前瞻性基础研究，保证我国在未来的科技发展中占领有利位置，另一方面加强应用性基础研究，突破我国科技成果向市场转化的障碍，切实提升我国产业竞争力。这就要求我们必须以战略性的眼光协同推进前瞻性基础研究与应用性基础研究。

三 努力建立产学研深度融合的技术创新体系

技术创新体系立足基础研究成果，旨在将前沿技术转化为市场产品。技术转化能力是技术创新体系完善与否的决定性标志。

（一）建立完善的技术创新体系的意义

市场经济条件下，科技进步是构成竞争力的核心要素，现阶段我国的产权制度安排客观上不利于科研成果的转化，高校和科研机构看重技术创新的理论成果，企业则更关心先进技术应用带来的利润回报，由于目标导向上的差异，科研机构和企业难以在技术创新过程中形成合力。高校等科研机构获得政府资助的项目，根据"谁出资、谁拥有"的原则，研发成果知识产权归于政府和单位，后续性研发也不可以与发明人分享。企业在研发成果产业化过程中需要投入大量资金"中试"，承担着巨大的资金风险，可见，在目前的科研管理体制下，产学研之间是脱节的，既难以调动科研人员和科研机构的积极性，也难以推动科研成果的应用开发和产业化。

发达国家都非常重视技术创新体系的建设。各国政府在推进创新型国家建设中努力打破研究机构与企业组织间的隔阂，通过制度创新，依托市场机制，促进产学研的合作。美国在1980年出台了旨在加速科研机构向企业转让科研成果的《拜杜法案》。其核心在于把科研成果的所有权和商业化收益分开，科研机构和人员可以在获得一定收益的基础上，继续保持对科研成果的所有权，能够持续进行研发。同时，商业机构以相对少的资金获得科研成果,一旦成功实现商业化,则继续和科研机构、人员分享收益。美国的科研机构和商业机构在此基础上形成了良好的产业协同。① 目前,全球至少有 16 个国家或地区通过并实施了类似美国《拜杜法案》的法规。例如日本的《科学技术基本法》、丹麦的《公共研究机构发明法》、德国的《雇员发明法》、法国的《专利法》、印度的《公共资助知识产权保护暨使用法》等。奥地利、爱尔兰和西班牙等国家也都在酝酿借鉴《拜杜法案》,以促进科技产业发展为名对国内的劳动法规进行修改,对相关的资源重新分配。② 以色列强调政府领导下的科研成果的推广和转化,其农业部在全国建立十大农业技术和新品种推广站,帮助农民掌握新技术、使用新品种;其科技部在全国建立了 10 个研发中心,着重对生物技术和纳米技术等新技术进行研发和推广。很多大公司直接将研发成果转化到生产应用中。很多大学、研究院不仅有数目众多的高技术公司,而且有研究成果推广中心,专门推广研究成果,为研究成果寻找外部的投资者和战略伙伴。③

(二) 技术创新体系的不协调阻碍我国建设创新型国家

目前,我国技术创新体系仍存在较为明显的短板,阻碍我国创新型国家的建设。科研单位的研究没有真正走出"象牙塔",在技术研发上未能聚焦产业发展的瓶颈和需求,更多停留在固有的科研格局上,为研究而研究,闭门造车的情况没有彻底改变。科研单位缺乏与企业的紧密联系,对市场中的产业发展态势缺乏准确把握,科研成果的评价仍停留在技术验收模式上,财政拨款仍是大多数科研单位的资金来源,由于没有

---

① 沈建磊、马林英:《美国建设创新型国家的主要优势和特征》,《全球科技经济瞭望》2007 年第 10 期。
② 孙远钊:《论科技成果转化与产学研合作——美国〈拜杜法〉35 周年的回顾与展望》,《科技与法律》2015 年第 5 期。
③ 中央政研室赴以色列科技创新考察团:《以色列建设创新型国家的经验和做法》,《学习与研究》2007 年第 6 期。

科研成果市场化的压力，科研单位研究活动和科研成果也就没能面向市场和产业需求。

建设创新型国家需要一支高素质的人才队伍。近年来，我国努力加强人才队伍的建设，不断提升高等学校的人才培养能力，在原来"985""211"高校建设基础上进一步推进"双一流"高校的建设，增强人才培养的针对性。同时，从国家层面到地方的各级政府，都通过各种专项人才计划吸引顶尖人才，如国家层面的"长江学者"，广东的"特支计划""珠江人才计划""扬帆计划"等，特别注重对高水平研究团队的引入。即使这样，与建设创新型国家的要求仍有较大差距，正如习近平总书记指出的，"当前，我国高水平创新人才仍然不足，特别是科技领军人才匮乏。……人才管理制度还不适应科技创新要求、不符合科技创新规律"。① 人才体制改革的滞后，抑制了科技人才发挥积极性、主动性，分散了科研人才的精力。对此，习近平总书记明确指出："要通过改革，改变以静态评价结果给人才贴上'永久牌'标签的做法，改变片面将论文、专利、资金数量作为人才评价标准的做法，不能让繁文缛节把科学家的手脚捆死了，不能让无穷的报表和审批把科学家的精力耽误了！"②

（三）破除体制机制障碍，协调推进技术创新体系建设

体制机制约束是当前我国技术创新体系建设的最大障碍，多年来，我国一直存在着科技成果向现实生产力转化不力、不顺、不畅的痼疾，其中一个重要症结就在于科技创新链条上存在着诸多体制机制关卡，创新和转化各个环节衔接不够紧密。③ 为此，我国必须下决心破除体制机制

---

① 习近平：《在中国科学院第十九次院士大会、中国工程院第十四次院士大会上的讲话（2018年5月28日）》，《人民日报》2018年5月29日，第2版。
② 习近平：《在中国科学院第十九次院士大会、中国工程院第十四次院士大会上的讲话（2018年5月28日）》，《人民日报》2018年5月29日，第2版。
③ 习近平：《在中国科学院第十七次院士大会、中国工程院第十二次院士大会上的讲话（2014年6月9日）》，《人民日报》2014年6月10日，第2版。

障碍,"要解决这个问题,就必须深化科技体制改革,破除一切制约科技创新的思想障碍和制度藩篱,处理好政府和市场的关系,推动科技和经济社会发展深度融合,打通从科技强到产业强、经济强、国家强的通道,以改革释放创新活力,加快建立健全国家创新体系,让一切创新源泉充分涌流"。①

协同推进产、学、研联动创新。政府应充分尊重企业的创新主体地位,减少对企业创新决策的干扰,把重心放在统筹基础研究,构建积极创新环境上。高校和科研院所要淡化对科研人员业绩的考核要求,建立和完善有利于自由研究的运行制度,在组织形式、运行机制、交易便利等方面创新,推进社会化、专业化的新型研发机构、产业研究院建设,使之成为联系企业和科研院所的有效纽带。

要增强创新体系的开放性,融入全球创新网络。一方面,要积极开展国际科研交流,吸纳国际顶级人才和团队,创造适宜海外人才来华创业的环境。另一方面,要努力改善国内的创新创业环境。要加强产权保护,规范政府行为,积极发展风险投资等科技金融,利用全国性和区域性私募股票、私募债券交易市场为科技创新服务。

要坚定以人才为核心,推进创新型国家建设。要营造良好创新环境,加快形成有利于人才成长的培养机制、有利于人尽其才的使用机制、有利于竞相成长各展其能的激励机制、有利于各类人才脱颖而出的竞争机制。

第二节 协调推进美丽中国建设

实现自然界与人类的和谐发展是新发展理念的重要内容,为了寻求

---

① 习近平:《在中国科学院第十七次院士大会、中国工程院第十二次院士大会上的讲话(2014年6月9日)》,《人民日报》2014年6月10日,第2版。

对自然界索取与人类需求间的平衡,必须协调推进绿色发展理念的落实,走环境友好型的发展道路。

一 人和自然和谐共生是协调发展的前提和基础

人类既依赖于自然实现生存,同时也接受自然对人类活动的反馈。敬畏自然、利用自然、保护自然是人类得以持续发展的必然要求。无论是农业社会的自然灾害,还是工业社会的污染事件,都说明人和自然必须寻求和谐共生之道,这是实现协调发展的前提和基础。

(一) 协调的要义在于可持续

人和自然和谐共生是最根本也最直接的要求。自然作为人类存在和发展的最基础条件,人类从自然获得生活生产资源。自然有着自身的内在协调机制,如果人类行为突破了自然承载能力,自然的内在平衡被破坏,人类必然受到自然的惩罚。为此,人类的先知们一直告诫人们要敬畏自然,正如恩格斯所说,"但是我们不要过分陶醉于我们人类对自然界的胜利。对于每一次这样的胜利,自然界都对我们进行报复"。[①] 因此,人类的发展必须寻求与自然之间的协调,从而实现人类的可持续发展。

第一,人的需求增长与生产力发展之间的矛盾最终将反映到自然的表现。人的需求随着经济社会的发展不断丰富,在生产力的发展没有能够跟上人的需求增长时,这种矛盾将爆发并表现为自然的灾害。工业化发展使发达国家先是面临各种污染积累而带来的环境灾难的爆发,再受到自然资源供给有限而带来发展的困惑。美国作家蕾切尔·卡逊1962年出版的《寂静的春天》,对工业污染对自然的破坏做了详细描述。罗马俱乐部1972年发表的《增长的极限》基于石油等自然资源的供给无法满足人类需求,从而提出世界性灾难即将来临的预测。此后,各国围绕如何

---

① 《马克思恩格斯选集》(第3卷),人民出版社,2012,第998页。

实现可持续发展寻找出路，最终把发展的动力归结于以技术为核心的创新上，以解决人的需求与自然承载力间之的矛盾，实现可持续发展。

第二，追求人与自然和谐共生是协调发展的最根本也是最直接的要求。人的需求不断增长，人的需求的满足必须立足于人与自然的和谐共生，这才是我们所追求的发展。特别是进入新时代后，我国的主要矛盾转化为人民日益增长的美好生活需要和不平衡不充分的发展之间的矛盾，从"物质文化需要"到"美好生活需要"的变化，反映的是我国社会发展阶段的提高。人民对美好生活的需要日益广泛，不仅对物质文化生活提出了更高要求，而且在民主、法治、公平、正义、安全、环境等方面的要求日益增长。自然环境独立于社会环境，更是社会环境的具体承载体，追求人与自然和谐共生才能为民主、法治、公平、正义、安全的发展奠定更好的基础。2015年9月28日，习近平总书记在第七十届联合国大会一般性辩论时的讲话中指出，"我们要构筑尊崇自然、绿色发展的生态体系。人类可以利用自然、改造自然，但归根结底是自然的一部分，必须呵护自然，不能凌驾于自然之上。我们要解决好工业文明带来的矛盾，以人与自然和谐相处为目标，实现世界的可持续发展和人的全面发展。"①

（二）人和自然的和谐共生要求人类在认识和遵循自然规律的基础上实现更高质量更有效率的自然利用

追求人和自然和谐共生，同时更要满足人类不断增长的需要，这需要在人的需要与自然承载力之间寻找到协调点。从西方发达国家走过的发展道路经验来看，只有寻求到更为符合自然发展规律、以技术进步为支撑的发展模式，才能不断地满足人的需要。

---

① 《习近平出席第七十届联合国大会一般性辩论并发表重要讲话》，《人民日报》2015年9月29日，第1版。

第一，遵循自然规律才能实现人与自然的协调发展。出于发展的需要，对自然的索取是必然的，对于如何索取则是我们必须考虑的。正如习近平总书记指出的，"坚持绿色低碳，建设一个清洁美丽的世界。人与自然共生共存，伤害自然最终将伤及人类。空气、水、土壤、蓝天等自然资源用之不觉、失之难续。工业化创造了前所未有的物质财富，也产生了难以弥补的生态创伤。我们不能吃祖宗饭、断子孙路，用破坏性方式搞发展。绿水青山就是金山银山。我们应该遵循天人合一、道法自然的理念，寻求永续发展之路。"① 在保护中实现发展，这是我们对待自然应有的态度。

第二，切实以技术进步实现人与自然的和谐共生。我国经济发展处于重要的转型期，传统的发展模式已难以为继，也与我们所追求的美好生活需要相偏离。技术进步成为必然选择，供给侧结构性改革的根本，是使我国的供给能力能更好地满足广大人民日益增长、不断升级和个性化的物质文化和生态环境需要。推进供给侧结构性改革必须紧紧依托技术进步，以技术进步实现供给的升级和多样性，切实满足人民的需要，同时，也需要紧扣生态保护，以人和自然和谐共生追求更高水平的协调。"坚决摒弃从牺牲生态环境换取一时一地经济增长的做法，让良好生态环境成为人民生活的增长点、成为经济社会持续健康发展的支撑点、成为展现我国良好形象的发力点。"②

（三）"绿水青山就是金山银山"是人和自然协调发展的最高境界

在追求人和自然的和谐共生过程中，人的需要与自然的保护是一对矛盾，只有解决这一矛盾才能真正形成人和自然的共生。确实，从辩证

---

① 习近平：《共同构建人类命运共同体——在联合国日内瓦总部的演讲》，《人民日报》2017年1月20日，第2版。

② 习近平：《在省部级主要领导干部学习贯彻党的十八届五中全会精神专题研讨班上的讲话（2016年1月18日）》，《人民日报》2016年5月10日，第2版。

的角度出发，人的需要的满足必然要消耗相应的自然资源，自然资源具有内在的循环平衡规律，如果自然这种自我平衡无法满足人的过度需要，人和自然的和谐共生的追求就难以实现。

第一，转变发展方式，控制人类对自然的索取。要摒弃粗放型发展方式，以综合利用来满足人类需要，加强对废物资源的回收，实现物尽其用。提高浪费资源的成本，在制度设置上约束对资源的过度索取，防止无序开采和利用资源，严格实施资源管理，确保对资源的开发利用保持在合理的范围内。鼓励资源节约利用，注重对废旧物资的回收利用，全面推进垃圾分类处理，鼓励企业实施废旧资源利用。坚定实施区域自然承载标准管理，控制自然环境开发强度，保障自然内在平衡机制稳定。

第二，转变发展理念，实现自然物理属性的利用。要切实树立绿色发展理念，习近平总书记指出："坚持绿色低碳，建设一个清洁美丽的世界。人与自然共生共存，伤害自然最终将伤及人类。空气、水、土壤、蓝天等自然资源用之不觉、失之难续。工业化创造了前所未有的物质财富，也产生了难以弥补的生态创伤。我们不能吃祖宗饭、断子孙路，用破坏性方式搞发展。绿水青山就是金山银山。我们应该遵循天人合一、道法自然的理念，寻求永续发展之路。"[①] 对自然资源的利用要突出物理上的利用，积极发展生态旅游等，实现对自然的利用和保护的统一。"要正确处理好经济发展同生态环境保护的关系，牢固树立保护生态环境就是保护生产力、改善生态环境就是发展生产力的理念，更加自觉地推动绿色发展、循环发展、低碳发展，决不以牺牲环境为代价去换取一时的经济增长。"[②] 在遵循自然资源内在平衡标准的前提下有限利用，把人对自然资源的利用统一到维护生态平衡上，实现人和自然的共生。

---

① 习近平：《共同构建人类命运共同体——在联合国日内瓦总部的演讲》，《人民日报》2017年1月20日，第2版。
② 《习近平在中共中央政治局第六次集体学习时强调 坚持节约资源和保护环境基本国策 努力走向社会主义生态文明新时代》，《人民日报》2013年5月25日，第1版。

第三，转变发展途径，切实以技术进步实现发展。要抛弃外延式的发展模式，把发展的途径归结到技术进步，深化技术对自然资源的开发利用，积极拓展产业链，增强资源的价值开发。加强创新型国家建设，以创新为第一动力，坚定走技术兴企、技术强国的道路，不断改革创新研发和应用的结合模式，提高科技转化效率，提高资源的综合利用率，提高工业产品的品质，增强单位资源的利用强度，提高资源利用能力。加强资源利用的国际合作，从构建人类命运共同体的基点出发，实现全球资源的高效利用，探索全球共建共享的发展路径，实现全球共同治理的格局，保护人类的自然环境。

二 我国生态文明建设的成就和发展不平衡不充分的短板

党的十七大正式把生态文明建设作为国家的重要战略目标，经济、政治、文化、社会、生态文明"五位一体"的建设框架全面形成。在绿色发展理念指导下，加快生态文明建设的政策不断出台，有力地促进了我国生态文明建设。生态文明建设非一日之功，在我国经济发展转型的新时期，必须正视我国生态文明建设的短板，协调推进经济社会发展与生态文明建设。

（一）我国生态文明建设成就显著

党的十七大把生态文明建设提上议程，党的十八大明确提出大力推进生态文明建设，努力建设美丽中国，实现中华民族永续发展。此后，相关政策制度不断出台，指导经济社会发展中的生态文明建设的制度框架逐步形成，发展理念逐步转变。党的十八届五中全会提出绿色发展理念，党的十九大确立了建设富强民主文明和谐美丽的社会主义现代化强国的目标。在机构设置上，实现了环境管理部门单列；对县区以上主要领导实行离任环保审计；筹建全国环境资源数据库；实行国土资源环境承载能力动态评估；等等。

第一，加快推进生态文明顶层设计和制度体系建设，开展了一系列根本性、开创性、长远性工作。党的十八大以来，建立并实施中央环境保护督察制度，大力推动绿色发展，深入实施大气、水、土壤污染防治三大行动计划，率先发布《中国落实2030年可持续发展议程国别方案》，实施《国家应对气候变化规划（2014－2020年）》，推动生态环境保护发生历史性、转折性、全局性转变。

第二，以空前力度治理污染，生态环境质量改善提速。与2013年相比，2017年全国338个地级及以上城市可吸入颗粒物（PM10）平均浓度下降22.7%。相比2012年，2017年全国地表水好于三类水质所占比例提高了6.3个百分点，劣五类水体比例下降4.1个百分点。京津冀、长三角、珠三角等重点区域PM2.5的平均浓度比2013年分别下降39.6%、34.3%、27.7%；2012～2017年，累计治理沙化土地1.5亿亩，完成造林5.08亿亩，森林覆盖率达到21.66%。

第三，初步建立起生态保护的"四梁八柱"。2018年，国家开征了环保税，涵盖环境财政、环境价格、生态补偿、环境权益交易、绿色税收、绿色金融、环境市场、环境与贸易、环境资源价值核算、行业政策等内容的环境经济政策框架体系已基本建立。开展中央环境保护督察，推动解决突出环境问题；有序推进省以下环保机构监测监察执法垂直管理制度改革，开展按流域设置环境监管和行政执法机构、生态环境损害赔偿制度改革试点；环境保护法、大气污染防治法、水污染防治法、环境影响评价法、环境保护税法等法律完成制修订。2018年3月，十三届全国人民代表大会第一次会议通过《中华人民共和国宪法修正案》，生态文明正式写入国家根本法，实现了党的主张、国家意志、人民意愿的高度统一。

第四，生态文明建设与经济高质量发展互动态势逐步形成。党的十八大来，以供给侧结构性改革为主线，加大化解钢铁、煤炭等过剩产能和淘汰落后产能，单位产品主要污染物排放强度、单位 GDP 能耗不断降低，资源能源效率不断提升。大力改革能源消费结构，中国成为世界利用新能源、可再生能源的第一大国。通过确定生态保护红线、环境质量底线、资源利用上线和环境准入负面清单等举措，形成生态环境保护治理的硬约束，生态环境保护与经济高质量发展正形成相互促进的态势。

（二）我国的生态文明建设仍存在短板

当前我国经济转型正处于关键时期，新的增长动力仍在生成之中，创新型国家建设仍处于起步阶段，由于生态第一的发展理念尚未形成全社会的共识，环境友好型的发展模式还在探索实践中，与经济建设、社会建设、政治建设、文化建设相比，我国生态文明建设的短板依然存在，主要表现于以下几个方面。

第一，新增长动力仍没形成。走环境友好型的发展道路是建设生态文明的必然选择，只有培育以创新驱动为主的新的增长动力，才能切实改变原有的粗放型、以环境为代价的发展方式。只有真正以创新驱动为引领，实现经济高质量发展，建立起绿色低碳、循环发展的经济体系，才能为生态文明建设奠定坚实的基础。

第二，生态文明体制仍需继续完善。党的十八大以来，我国在生态文明体制建设上迅速推进，但仍需进一步完善，应尽快建立绿色生产和消费的法律制度加强对生态文明建设的总体设计和组织领导，加快自然资源资产产权制度改革，整合自然资源产权的管理机制，建立合理的流域资源管理机制，加快构建以督察机制为主、全民参与的环境监督机制。建设市场化、多元化的生态补偿机制，完善以资源税、排污权、绿色金融等市场性的约束激励机制。

第三，民众生活方式尚未全面转变。习近平同志在十八届中央政治局第四十一次集体学习时的讲话中提出,"倡导推广绿色消费。生态文明建设同每个人息息相关,每个人都应该做践行者、推动者。要加强生态文明宣传教育,强化公民环境意识,推动形成节约适度、绿色低碳、文明健康的生活方式和消费模式,形成全社会共同参与的良好风尚。"[①] 目前,我国民众的消费基本上仍停留在温饱型、粗放型阶段,促进生态文明建设的需求拉动力较弱。

三 协调发展绿色经济、绿色金融、绿色生活方式,推进绿色城镇化

习近平总书记指出:"推动形成绿色发展方式和生活方式,是发展观的一场深刻革命。"[②] 我们要将绿色发展理念渗透到经济活动、金融活动、生活方式和城镇化进程中去,全方位、全地域、全过程地推进生态文明建设。

(一) 切实以创新为第一动力,发展绿色经济

第一,坚决贯彻供给侧结构性改革,以市场标准淘汰落后产能,以环保税、资源税等全力引导资源向以技术进步为依托的实体经济配置。加快创新型国家建设,大力破除阻碍科技研发和科技转化的体制机制壁垒,建立以资源利用效率、环境友好率等指标体系为引导的绿色发展机制。

第二,建立绿色导向的政府考核机制。逐步建立和完善环境资源承载监测体系和地方主要官员环保审计制度,依托主体功能区规划,建立差异性的政府绩效考核体系,引导地方政府在绿色经济的基础上实施地区发展战略。强化经济社会发展中的绿色理念,树立创新为第一动力的

---

① 《习近平谈治国理政》(第二卷),外文出版社,2017,第396页。
② 《习近平谈治国理政》(第二卷),外文出版社,2017,第395页。

发展思路，全面转向以技术进步为依托的发展道路。

第三，加强对企业科技创新的扶持。以生态产业化、产业生态化为导向，通过资源税、环境税引导企业生产，对企业在研发创新、技术转化、产业化等环节上予以支持。全力打通基础研究、应用研究、产业化各环节，形成产学研政相互协调推进的机制，构建研发与产业间的良性循环体系。积极推进"互联网+"战略，鼓励新技术、新业态、新产业之间的融合，打造产业研发创新平台，实现大中小型企业联动创新，以产业链系统创新实现创新驱动力的整体提升。

（二）大力发展绿色金融，引导资源优化配置

绿色金融是引导环境友好型经济发展的重要工具，我国的绿色金融建设仍在起步阶段。2016年，中国人民银行等七部委联合发布了《关于构建绿色金融体系的指导意见》，为我国绿色金融发展提供了纲领性文件，并在全国开展了一系列的试点工作。中国基金业协会2018年7月12日发布的《绿色投资指引（试行）征求意见稿》，鼓励遵循绿色投资理念的基金管理人根据自身条件，在可识别、可计算、可比较的原则下，建立适合自己的绿色投资管理规范，在保持投资组合稳定回报的同时，增强在环境可持续方向上的投资能力。

第一，进一步健全绿色金融政策法规体系。要加快出台有关绿色金融实施的具体工作文件，形成规范的操作系统，及时总结绿色金融试点的经验，掌握相关绿色金融的实施情况，及时解决发展中面临的问题，通过法律法规的健全促进绿色金融的发展。

第二，推动绿色金融体系协同发展。在绿色金融体系发展中，要构建部门协同机制，人民银行要积极发挥统筹中枢作用，建立完善的评估平台，实现大数据下的信息共享和风险预警，提高绿色信息透明度，提高绿色金融服务质量，精准地引导资源配置。

第三，推进绿色金融市场发展。要设立绿色金融政策性银行，实施绿色金融激励机制，积极发挥财政的杠杆作用，让政策性银行与财政资金共同引导社会资金进入绿色金融市场，要结合绿色项目发展的具体融资需求，不断创新绿色融资产品，丰富绿色债券、绿色保险、绿色金融理财产品、碳金融产品等，使得绿色金融的形式更加灵活有效。要积极培育绿色金融人才，推动金融人才、环保人才的复合型发展，加强与国际绿色金融机构交流，不断吸纳先进理念，实现我国绿色金融市场的健康发展。

（三）倡导绿色生活方式，以绿色消费拉动生态文明建设

绿色生活方式是人们在充分尊重生态环境的基础上，确立新的生存观和幸福观，以绿色消费达到资源永续利用的生活方式。消费需求对生产具有引导作用，消费终端方式的改变，必然对整体经济活动带来直接的影响。

第一，加强政府对绿色生活方式的管理与引导。政府要根据实际情况制定适合绿色生活方式的战略规划，充分发挥企业的创造力，倡导绿色技术和绿色产品研发，发展绿色产业。要大力宣传和倡导绿色生活方式，积极动员社会成员参与绿色发展，对绿色消费行为在政策、税收、社会责任等方面给予扶持，形成社会大众共同参与绿色生活方式的格局。

第二，转变生活观念，确立绿色生活方式。要确立尊重生态环境的消费观，大力倡导适度消费，形成科学、低碳、环保、循环的绿色消费方式。树立人类与自然和谐相处、共同发展的生态理念，使绿色消费、绿色出行、绿色居住成为人们的自觉行动，人们在充分享受社会发展带来的便利和舒适的同时，倡导履行应尽的环境责任，按照自然、环保、节俭、健康的方式生活。要有效地运用法律手段保证绿色生活方式的养成，加大行政执法力度，实现环保管理运作的法制化，切实做到将绿色生活方式的意识纳入法治轨道并加以强化、调整、提升。要增强公民法

律意识，在全社会营造良好的法治环境，建立以科学理念为指导、以行为规范为准则、以法律制度为支撑的多层次、系统化的绿色生活方式。

第三，加强绿色生活方式的国民教育。要利用各层次各领域的教育体系，把环境教育渗透到社会生活之中，构建绿色生活的社会舆论氛围，加强生态科学知识普及，积极培育民众的生态意识、低碳意识、环保意识，以节约为荣，提高民众维护公众利益和生态环境的自觉性与责任感，培养民众绿色生活方式的自觉性。

（四）以绿色发展理念推进新型城镇化建设

目前，我国在城镇化推进过程中，城镇规划仍缺乏长远性和系统性，空间布局不够科学，自然资源保护与城镇化建设未能有效协调。为此，必须以绿色发展理念协调推进新型城镇化建设。

第一，坚定树立生态城镇理念。城镇不仅是人和经济行动的集中体，更是自然环境的一部分，要以生产集约高效、生活宜居适度、生态良性循环为标准，形成城镇与生态的开放融合发展模式，建设人与自然和谐共生、高效、节约地使用自然资源、具有自我净化能力的新型城镇。

第二，全面推进绿色经济发展。抓住转变经济发展方式这一主线，持续推进供给侧结构性改革，决不以牺牲环境为代价发展经济，把经济发展主动力切实转向创新，重点发展生态环保产业、高新技术产业，通过发展绿色产业提供丰富的产品，有效保护生态环境。

第三，调动各方社会主体参与绿色城镇建设。政府要不断更新城镇管理理念，积极鼓励和支持第三方参与城镇生态建设。建立与社会全面接轨的生态评估和监督体系，鼓励社会公众广泛参与城镇发展。积极发挥行业、高校、智库、科研机构的作用，为城镇开发和保护提供智力支撑。

第四，加快构建生态文明体系。要加快建立健全以生态价值观念为准则的生态文化体系、以产业生态化和生态产业化为主体的生态经济体系、以改善生态环境质量为核心的目标责任体系、以治理体系和治理能力现代化为保障的生态文明制度体系、以生态系统良性循环和环境风险有效防控为重点的生态安全体系，以"六大体系"来推进美丽中国建设。

第三节　协调推进形成全面开放新格局

我国改革开放40年来的发展成就得益于对外开放。"一个国家能不能富强，一个民族能不能振兴，最重要的就是看这个国家、这个民族能不能顺应时代潮流，掌握历史前进的主动权。"[①] 2008年国际金融危机后我国已成为世界经济的主要发动机。当国际贸易保护主义逐步抬头，我国充分地融入全球体系，承担起应有的大国责任，以更开放更积极的态度参与全球事务，就成为新时代构建全面开放新格局的主题。2015年，习近平总书记指出，在新的形势下，我们将实行高水平的贸易和投资自由化便利化政策，全面实行准入前国民待遇加负面清单管理制度，大幅度放宽市场准入，扩大服务业对外开放，保护外商投资合法权益。[②] 实现上述各项全面开放目标的任务，需要顶层设计协调推进。

一　形成全面开放新格局是国家协调发展的重大战略

（一）开放是我国坚定的基本国策

改革开放40年，中国已与全球经济紧密结合，形成深入的分工合作关系。2013年，我国跃居全球商品贸易第一大国，在保持对外资吸引力的同时，对外投资逐年增加，2015年成为对外净投资国，当年对外投资

[①] 习近平：《在省部级主要领导干部学习贯彻党的十八届五中全会精神专题研讨班上的讲话（2016年1月18日）》，《人民日报》2016年5月10日，第3版。
[②] 《抓住世界经济转型机遇谋求亚太更大发展》，《人民日报》2017年11月11日，第2版。

仅次于美国,居全球第二位。习近平总书记指出:"现在的问题不是要不要对外开放,而是如何提高对外开放的质量和发展的内外联动性。我国对外开放水平总体上还不够高,用好国际国内两个市场、两种资源的能力还不够强,应对国际经贸摩擦、争取国际经济话语权的能力还比较弱,运用国际经贸规则的本领也不够强,需要加快弥补。"①

(二) 协调优化我国对外开放的区域布局

2013年,我国设立上海自由贸易试验区。2018年,习近平总书记在海南省建省办经济特区30周年纪念大会上宣布支持海南全岛建设自由贸易试验区,5年间全国共设立12个自由贸易试验区。自由贸易试验区通过不断完善法治化、国际化、便利化的营商环境,健全有利于合作共赢并同国际贸易投资规则相适应的体制机制;不断健全服务贸易促进体系,创新便利跨境电子商务等新型贸易方式的体制,全面实施单一窗口和通关一体化,努力成为我国对外合作规范化、效率化的标杆。为优化我国对外开放的区域布局,国家努力加强内陆沿边地区口岸和基础设施建设,瞄准国际市场发展外向型产业集群,形成沿海地区全面参与全球经济合作和竞争、内陆和沿边地区积极参与国际产业分工、陆海内外联动、东西双向开放的全面开放新格局。

(三) 协调提升我国对外开放的产品结构

我国是贸易大国,但不是贸易强国。2018年以来,美国利用其国内法对我国发起贸易战,进一步凸显了我国在高技术产业和高端产品上的不足。为此,我国要进一步完善对外贸易布局,巩固发达国家市场份额,积极开拓新兴国家市场,创新外贸模式,加强营销和售后服务网络建设,发展服务贸易,从生产制造向消费服务延伸。要努力提升产品质量,从

---

① 习近平:《在党的十八届五中全会第二次全体会议上的讲话(节选)》,《求是》2016年第1期。

数量价格竞争向质量品牌竞争转型，积极优化外贸产品结构，努力壮大装备制造等新的出口主导产业，以新材料、新产品、新装备为抓手，重点突破"卡脖子"的核心技术、核心部件，实现产品全面升级，提升我国的出口产品竞争力。

（四）协调完善我国对外开放的产业布局

要实行积极的开放政策，在积极"引进来"的同时加大"走出去"的步伐，全面参与全球产业分工，占领高端产业领域。要更加积极有效地引进外资，吸纳先进技术，鼓励外资进入高端产业领域，带动我国产业竞争力的提升。要坚持实体经济为主，鼓励企业扩大对外投资，瞄准我国产业发展所需的关键环节、关键技术、关键领域，以对外投资促进我国产业链的高端化和完善化，实现产业整合以提升我国产业的整体竞争力。要积极依托优势产业，全力推进我国的装备、技术、标准、服务"走出去"，搭建制造业国际化的金融合作平台，形成金融国际化和高端制造国际化共同推进的合作格局。要积极推进国际产能合作，对外大宗投资从石油、铁矿石等原材料保障向农产品、低端工业品等生产基地延伸，形成我国以核心技术为主的国际产业链条。

二 协调处理好内外需之间的关系

内需和外需是两大市场，习近平总书记多次强调我国在发展中要利用好内需和外需两个市场。对于我国内外需之间关系的变化，习近平总书记指出，"我国出口增速拐点已经到来，今后再要维持出口高增长、出口占国内生产总值的高比例是不大可能了。这就要求我们必须把经济增长动力更多放在创新驱动和扩大内需特别是消费需求上。"[①]

[①] 习近平：《在省部级主要领导干部学习贯彻党的十八届五中全会精神专题研讨班上的讲话（2016年1月18日）》，《人民日报》2016年5月10日，第2版。

(一) 国内外需求对我国经济发展都有重要影响

我国作为全球第二大经济体，国际市场对我国的经济发展具有重要意义。由于我国的对外贸易仍以中低端产品为主，出口产品的科技含量不高，在国际贸易保护主义不断抬头的情况下，外贸市场的不稳定将影响我国经济的持续发展能力。同时，我国总体上仍处于工业化上升期的城市化快速发展期，随着人民收入水平不断提升，国内消费需求和投资需求仍有巨大的提升空间，在国内市场，无论是现实的经济拉动力，还是未来的发展潜力都是不容低估的。2016年以来，我国最终消费支出对国内生产总值增长的贡献率已居于"三驾马车"之首。因此，积极利用国内市场既可降低对国际市场的依赖，减弱贸易保护主义带来的冲击，又可以更加精准地促进产业结构升级。协调好国内外市场需求，可以形成保障我国经济持续稳定发展的合力。

(二) 坚持创新驱动发展，瞄准内外需求，推进供给侧结构改革

对国外需求的利用，只有通过创新驱动发展，才能打破发达国家对我国高端技术和高端产业的垄断，在技术进步的支持下实现我国出口商品的高端化，更好地开拓国际市场。对于当前更有效地拓展市场内需，习近平总书记曾深刻指出："事实证明，我国不是需求不足，或没有需求，而是需求变了，供给的产品却没有变，质量、服务跟不上。有效供给能力不足带来大量'需求外溢'，消费能力严重外流。解决这些结构性问题，必须推进供给侧改革。"[①] 我们要按照习近平总书记的要求，切实以实体经济发展为主线，以创新驱动为动力，深入推进供给侧改革，实现产业的有序升级，以国内需求引导产业升级，努力制造出满足人民群众美好

---

① 习近平：《在省部级主要领导干部学习贯彻党的十八届五中全会精神专题研讨班上的讲话（2016年1月18日）》，《人民日报》2016年5月10日，第3版。

第六章　协调推进新发展理念的全面落实

生活需求的高质量产品，形成国内外需求协调并进的良好格局。

三　协调处理好进出口平衡关系

改革开放以来，我国迅速成为全球主要生产制造基地，大量的出口使得我国长期处于顺差的状态，巨额的外汇储备成为我国扩大对外开放的坚实基础。

出口收入是促进一国经济发展的"三驾马车"之一，通过货物出口获得顺差，曾经十分有效地支持了国家引进先进技术装备和国内短缺原料、能源。随着人均收入水平的提升，国内市场的潜力逐渐被激发出来，2017年中国国内最终消费对国民经济增长的贡献率已居于"三驾马车"之首。

与此同时，中国贸易顺差结构正在发生变化。2017年中国对外贸易国别上开始出现顺差与逆差同时存在的格局。中国对美国贸易顺差是中国外贸顺差的最大来源。中国加入WTO后，中美经贸往来日益密切，贸易额不断攀升，从2001年的804.85亿美元提升到2017年的5836.97亿美元，2000~2008年的"黄金发展期"，中美贸易额始终保持两位数增长。从贸易总量结构占比来看，中美互为对方的第一大贸易伙伴国，中美贸易在中国贸易总额中占比始终超过12%，出口和进口占比也都处于稳定水平，2017年分别为18.99%和8.36%。2001年以来，中国始终是贸易顺差国，且贸易顺差逐年扩大，中美贸易差额从2001年的280.80亿美元到2017年的2758.12亿美元，CAGR达到15.3%。中国对美国出口的商品结构也在不断优化，电机类产品出口占比显著提升，纺织制品占比有所下降。根据海关总署对1995年和2017年的出口美国的各类产品占比变化情况可以看出，中国出口到美国的主要是机电、音像设备及其要件、附件，出口金额从1995年的55.30亿美元提升到2017年的1985.39亿美元，占比从22.38%提升到46.20%，接近出口总额的一半（见表6-1）。

与此同时，随着我国劳动力、原材料成本的上涨，纺织等轻工业产业开始向东南亚、南亚、非洲等国家和地区转移，纺织品等产品的出口占比有所下降。

表 6-1 1995 年、2017 年中国出口美国的各类产品占比变化按照海关总署分类

单位：%

分　类	1995 年	2017 年
第 1 类：活动物；动物产品	1.51	0.47
第 2 类：植物产品	0.54	0.37
第 3 类：动植物油、脂、蜡；精制食用油脂	0.01	0.02
第 4 类：食品；饮料、酒及醋；烟草及制品	0.76	0.89
第 5 类：矿产品	2.44	0.38
第 6 类：化学工业及其相关工业的产品	3.55	3.25
第 7 类：塑料及其制品；橡胶及其制品	4.51	4.31
第 8 类：革、毛皮及制品；箱包；肠线制品	5.31	1.59
第 9 类：木及制品；木炭；软木；编织品	1.09	0.93
第 10 类：木浆等；废纸；纸、纸板及其制品	0.51	0.96
第 11 类：纺织原料及纺织制品	12.84	9.88
第 12 类：鞋帽伞等；已加工的羽毛及其制品；人造花；人发制品	15.17	3.71
第 13 类：矿物材料制品；陶瓷品；玻璃及制品	2.07	1.71
第 14 类：珠宝、贵金属及制品；仿首饰；硬币	0.75	0.83
第 15 类：贱金属及其制品	5.09	5.24
第 16 类：机电、音像设备及其零件、附件	22.38	46.20
第 17 类：车辆、航空器、船舶及运输设备	3.47	4.58
第 18 类：光学、医疗等仪器；钟表；乐器	3.73	2.48
第 19 类：武器、弹药及其零件、附件	0.04	0.02
第 20 类：杂项制品	14.18	11.88
第 21 类：艺术品、收藏品及古物	0.06	0.01
第 22 类：特殊交易品及未分类商品	0.00	0.31

资料来源：相应年份海关统计。

中国对美国贸易顺差形成的主要原因是美国对中国贸易的限制。目

前,美国对中国仍实施高新技术出口管制,中美出口产品的产品结构上,高新技术产品正是美国对中国最具比较优势的领域,在出口管制下,美国对中国出口出现"跛脚"。从表6-2可见,美国对中国顺差的产业以初级产品为主。

表 6-2 2017 年美国对中国贸易的主要盈余行业

单位:10 亿美元

行业	盈余额
农产品	15.3
交通设备	10.5
石油及天然气	6.9
废物废料	5.5
矿物矿石	1.5
林业产品	1.1

资料来源:海关统计。

美国是中国的主要贸易对象,也是导致中国进出口失衡的主要因素。协调地构建我国的进出口平衡关系,有利于我国推进更高水平更广泛领域更深层次的开放,有利于保护中国国家利益和中国企业利益,有助于国际市场和国际资源的利用。

四 协调好"引进来"和"走出去"并重的关系

"引进来"一直是我国对外开放的重要内容,改革开放伊始,正是通过资金、技术、设备的引进来,开启了我国经济腾飞之路。在借助引进来实现发展的同时,我国也开始进入"走出去"的阶段,2003 年中央做出"走出去"与"引进来"两条脚腿走路的决策后,特别是 2013 年提出"一带一路"倡议以来,我国的"引进来"和"走出去"步入一个全新的阶段。

第一,积极实施"引进来",可以更充分利用国际优势资源。"引进来"是我国经济快速发展的重要手段，改革开放40年来，中国在全球经济中的重要性不断凸显，国际资本不断加快流入，并呈现不断升级的趋势。随着我国产业转型升级的深入推进，在"引进来"方面要更加着眼于高端的技术装备和原材料、零配件，通过引进来填补国内空白，更好地实现优势的国际资源与我国产业基础相结合，服务于我国质量第一、效益优先的产业发展目标。

第二，"走出去"更加主动地利用国际资源。一方面，中国作为全球大宗商品的主要进口国，无论是能源还是原材料，保障我国经济安全是首要的选择，因此，"走出去"的初期，我国更多投资在石油等领域。另一方面，随着我国中低端产业的成熟及国内生产成本的上升，实现产业国际转移成为必然选择。要更着眼于推进这些进行产能合作国家的工业化，不仅让这些国家成为我国产业链上的合作伙伴，也要帮助这些国家从农业国向工业国转型。

第三，"引进来"和"走出去"作为对外开放进程中的两个方面，必须协调好两者的关系。随着我国经济总量在全球的份额不断上升，我国市场对全球经济发展的重要性也不断提升，对于进入我国的国际资源，应根据国家发展的需要，有侧重地进行引导，兼顾经济安全和高质量发展。"走出去"要有利于不断提高我国在全球经济领域的制度性话语权，实现我国资本在全球的良好布局，要围绕我国经济发展形成稳定的国际性产业链，实现我国与其他国家的共同发展，构建人类命运共同体。

第四，构建各类平台，协调推进"引进来"和"走出去"。从2013年启动自由贸易试验区的建设，到2015年出台"一带一路"倡议，再到2017年把粤港澳大湾区建设确定为国家战略，这一系列的举措都是针对我国"引进来"和"走出去"的短板，协调推进"引进来"和"走出去"的具体部署。

五 协调处理好引资和引技、引智并举的关系

改革开放初期,我国发挥劳动力丰富的比较优势,从发展劳动密集型产业开始,建立起符合国内外市场需求的产业结构。进入21世纪以来,我国的用工成本、用地成本和融资成本显著上升,这就需要在引资的同时,更加关注对技术和智力的引入。

第一,关注外来产业资本的技术含量。随着综合国力的增强和营商环境的改善,我国仍将是国际资本的重要投资目的地。对引入外资的筛选必须符合建设创新型国家和实现高质量发展的目标,要更积极地通过产业政策、外资政策、金融政策等,有目的地引导能够填补我国产业发展空白领域的国际资本进入,借助高技术含量的国际资本加快我国的产业竞争力提升。对传统领域的产业资本进入要持开放态度,在坚持环境保护原则、金融安全原则等前提下,通过公平公开的市场竞争,实现资本配置的优化。

第二,搭建吸引智力的制度平台。积极吸引高端人才,使人才成为发展的第一资源。我国正在全力向创新型国家转型,"过去,中国吸引外资主要靠优惠政策,现在要更多靠改善投资环境。我们将加强同国际经贸规则对接,增强透明度,强化产权保护,坚持依法办事,鼓励竞争、反对垄断"。[①] 我们必须加强相关的制度创新,采取多项灵活措施,通过国家级实验室等平台吸纳和凝聚全球人才,着力解决高端人才的生活、创业、居住环境问题,实现全球人才为我所用。

第三,创新更高层次的资本、技术、智力合作方式。积极创新资本、技术、人才的合作方式,扎实推进产学研政资的融合发展。要在保障金融风险可控的前提下,积极创新金融工具,发展各层次风险资本,利用国有资本筹建风险基金,资助基础性研究和科研成果转化,大力发展社

[①] 习近平:《开放共创繁荣 创新引领未来——在博鳌亚洲论坛2018年年会开幕式上的主旨演讲》,《人民日报》2018年4月11日,第3版。

会资本为主的风险基金,推动应用型研究。利用金融市场的新三板、地方股权市场等平台,创新产权制度,促进技术股权化。建立围绕智力为主的金融服务体系,创新以科研团队为单位的研发风险支持机制,促进科研力量的融合发展。

第四节　协调推进共享发展和改善民生

共享发展是中国特色社会主义本质的追求,一切发展都是为了人民,为了满足人民对美好生活的需要。为此,我们必须坚持发展为了人民、发展依靠人民、发展成果由人民共享,要做出更有效的制度安排,使全体人民朝着共同富裕方向稳步前进。因此,实现发展,切实改善民生,让人民群众共享发展成果,这是时代和人民对我们的要求。

一　协调发展才能实现共享发展和共同富裕

改革开放初期,邓小平同志强调:"在经济政策上,我认为要允许一部分地区、一部分企业、一部分工人农民,由于辛勤努力成绩大而收入先多一些,生活先好起来。"① 通过对分配制度及其他制度的改革,在勤劳致富、合法致富的原则下,不断解放生产力。"我们提倡一部分地区先富裕起来,是为了激励和带动其他地区也富裕起来,并且使先富裕起来的地区帮助落后的地区更好地发展。提倡人民中有一部分人先富裕起来,也是同样的道理。"②

(一) 实现共享发展和共同富裕需要不断推进制度设计

市场经济体制下发展分化是常态,政府对宏观经济的管理就是要通

---

① 《邓小平文选》(第二卷),人民出版社,1994,第152页。
② 《邓小平文选》(第三卷),人民出版社,1994,第111页。

过约束和引导市场机制的分化功能，以实现更为协调的发展。邓小平同志在改革开放的初期就指出："什么时候突出地提出和解决这个问题，在什么基础上提出和解决这个问题，要研究。可以设想，在20世纪末达到小康水平的时候，就要突出地提出和解决这个问题。到那个时候，发达地区要继续发展，并通过多交利税和技术转让等方式大力支持不发达地区。"[1] 改革开放初期，我国就开始尝试建设发达地区与欠发达地区协调发展的机制。20世纪90年代开始我国又实施西部大开发战略，2004年提出"振兴东北"，及至十七大又提出以主体功能区规划引导整体发展。党的十九大提出要加快建立现代财政制度，建立权责清晰、财力协调、区域均衡的中央和地方财政关系。这一系列举措都是通过更加完善的制度设置，实现区域和城乡协调发展的重大谋划。

（二）不断促进收入分配的合理化

效率优先，兼顾公平的原则，极大地调动了市场主体的积极性，我国经济进入了发展快车道。进入21世纪以后，如何共享发展成果成为党和政府必须正视和解决的重大理论和实践课题。党的十五大提出，允许和鼓励资本、技术等生产要素参与收益分配，在强调劳动者的主体地位的基础上，更尊重市场原则，形成各种生产要素共同推进经济发展的格局。党的十六大进一步提出，确立劳动、资本、技术和管理等生产要素按贡献参与分配的原则，强调各种生产要素在经济发展中的平等地位。经济社会的迅速发展，使我国社会结构面临较大的调整，党的十七大提出逐步提高居民收入在国民收入分配中的比重，提高劳动报酬在初次分配中的比重，形成中等收入者占多数的格局，着重从劳动者的主体地位出发，实现社会的"橄榄型"结构。党的十九大则从国家与居民收入分配、企业与劳动者分配上提出更具体的要求，明确指出要坚持在经济增

---

[1] 《邓小平文选》（第三卷），人民出版社，1993，第374页。

长的同时实现居民收入同步增长、在劳动生产率提高的同时实现劳动报酬同步提高，扩大中等收入群体，增加低收入者收入。

（三）通过协调发展机制约束市场机制的分化作用

市场经济条件下的区域间合作是比较优势基础上的分工与合作，资源在市场机制决定下实现配置，这就在一定程度上导致区域间、城乡间发展水平的分化。此种分化和差异是发展活力的源头，但扩大了经济成果的非均衡分配，经济学者对积极发挥政府的干预作用提出了不同的方案，从中外实践经验来看，要约束市场机制的分化作用，政府可以通过规划、财政、产业、人才等手段，对欠发达地区倾斜支持，加快培育欠发达地区的内生发展动力以控制区域分化，实现区域间、城乡间的协调发展。

协调发展机制的建设既要立足于市场机制，又要努力发挥政府的积极引导作用，从基础设施条件、产业发展环境、人才配置引导等方面积极干预，着力创造市场机制正常发挥作用的大环境。如，政府对主体功能区的规划正是基于区域自然资源禀赋的差异，着眼于协调前提下的整体发展优化。在这一规划框架下，可充分发挥和利用地区的差异，实现有限资源配置效率最大化。

二 坚持既尽力而为又量力而行的原则，准确把握共享发展中的重大关系

我国仍将长期处于社会主义初级阶段，这一国情决定我国不可能实施类似北欧国家的福利型制度，在推进共享建设过程中，必须本着一般与特殊、整体与局部相协调的原则，在保障可持续发展的同时，保证人民的获得感和幸福感不断提升。

（一）关于共享发展的四个重大关系

我国人均 GDP 仍处于中等水平，跨越"中等收入陷阱"任务迫切。因此，对于共享制度的设置一要坚持全民共享，这是就共享的覆盖面而言的。要使人人享有，各得其所，不是少数人共享或一部分人共享。二要坚持全面共享，这是就共享的内容而言的。要共享国家经济建设、政治建设、文化建设、社会建设和生态文明发展的成果。三要共建共享，这是就共享的实现途径而言的。共建才能共享，共享的过程也就是共建的过程。要充分发挥民主，广泛汇聚民智，激发民力，形成人人参与，人人尽力，人人有成就感的生动局面。四要坚持渐进共享，这是就共享发展的推进过程而言的。要立足国情，立足经济社会发展水平来设计共享政策，即不该花的钱不花，也不要高骛远。

（二）以基本公共服务均等化推进全民共享

医疗卫生、教育文化、养老育婴、交通居住等基本公共服务关系人民生活最基本的需要，也是社会发展的基础条件。随着我国经济社会的发展，人口流动越发频繁，基本公共服务均等化已是共享发展的重要内容。习近平总书记指出："我们的人民热爱生活，期盼有更好的教育、更稳定的工作、更满意的收入、更可靠的社会保障、更高水平的医疗卫生服务、更舒适的居住条件、更优美的环境，期盼孩子们能成长得更好、工作得更好、生活得更好。人民对美好生活的向往，就是我们的奋斗目标。"[①] 立足于现代化社会主义强国建设目标，我国必须大力推进基本公共服务均等化，让国民都能享受到发展的基本红利，提高整体社会的幸福感。基本公共服务供给能力与政府财政能力直接相关，借助新一轮中

---

① 中共中央文献研究室编《十八大以来重要文献选编》（上），中央文献出版社，2014，第70页。

央与地方政府财权事权改革机遇，要加强中央财政对基本公共服务的统筹力度，最大限度地减少地区间的基本公共服务水平差距。推进户籍制度改革，逐步取消户籍与基本公共服务的联系，鼓励人口流动，以基本公共服务均等化促进人才和人力资源的优化配置。

（三）推进城乡、区域融合发展，实现全面共享

我国各地区由于经济发展差异的存在，民生服务能力各有不同，城乡、区域间的差异是全面建成小康社会的短板，也是社会协调发展的障碍。除了在财政体制上实现统筹外，还需要打破各种阻碍资源流动的体制机制壁垒，以资源的合理流动更好地促进城乡区域融合。要切实实施乡村振兴战略，鼓励农民进城，积极打通城市资金、技术、人才等资源进入乡村的通道，改革乡村治理体制，改造乡村社会组织，发展现代农业，形成以城带乡的良好机制，实现城乡的融合发展。

（四）完善人尽其才制度，倡导共建共享

2016年5月6日，习近平总书记就深化人才发展体制机制改革做出重要指示时强调，加快构建具有全球竞争力的人才制度体系，聚天下英才而用之。要着力破除体制机制障碍，向用人主体放权，为人才松绑，让人才创新创造活力充分迸发，使各方面人才各得其所、尽展其长。政府作为人才的总管，更需要在人才体制改革中带好头。习近平同志进一步强调，要加快构建更加科学高效的人才管理体制，遵循社会主义市场经济规律和人才成长规律，转变政府人才管理职能，保障和落实用人主体自主权，健全市场化、社会化的人才管理服务体系，更好激发人才创新创造活力。除了关注高端人才外，对工作在一线的劳动人才，习近平总书记同样给予了重视，"我们一定要深入实施科教兴国战略、人才强国战略、创新驱动发展战略，把提高职工队伍整体素质作为一项战略任务

抓紧抓好，帮助职工学习新知识、掌握新技能、增长新本领，拓展广大职工和劳动者成长成才空间，引导广大职工和劳动者树立终身学习理念，不断提高思想道德素质和科学文化素质"。[①] 我们要树立正确的人才观，着力提高人才培养质量，弘扬劳动光荣、技能宝贵、创造伟大的时代风尚，营造人人皆可成才、人人尽展其才的良好环境，努力培养数以亿计的高素质劳动者和技术技能人才。

三 统筹发展教育、就业、社保、脱贫和健康服务

人民对美好生活的需要是全方位的，也存在个体的差异。基本民生涉及面最广，也是构建共享社会最为迫切的内容。

（一）促进教育面向现代化

第二个一百年的目标是建设社会主义现代化强国。人的素质现代化是实现这一目标的核心。要把教育事业放在优先位置，培养德才兼备的国民。要提高基础教育的普惠度，实现城乡义务教育一体化；要加强职业教育的针对性，不断提升劳动力技能素质。要加快高等教育质量提升，全力促进国民的劳动技能和内在素质的全面提升，形成持续学习、深入学习的社会风气。

（二）拓展就业渠道，提高人民收入水平

为积极应对产业转型对就业的挑战，要完善终身职业技能培训体制，建立城乡一体、区域融合的劳动力流通体制机制，建立适龄劳动力就业信息网络体系，实施向一线职工倾斜的工资增长机制，加快建设高校与企业接轨的人才培养体系，建设青年劳动力上岗培训机制，全面推进持

[①] 习近平：《在庆祝"五一"国际劳动节暨表彰全国劳动模范和先进工作者大会上的讲话》（2015年4月28日），《人民日报》2015年4月29日，第2版。

证上岗。要积极完善创业环境，降低创业准入门槛，由政府牵头带动社会资本建立创业扶持基金，加强社会信用体系建设，推动创业发展。要建立产业发展与劳动力供给监测体系，积极引导高校、职业技术学校适应市场发展设立专业，鼓励高等教育研究与应用人才培养分化，建立技能工人与技能教师"旋转门"政策，加强职业教育实用化。通过多方面拓展就业渠道，不断提高人民的收入水平。

（三）不断完善社会保障体系

统筹全国养老保险体系，建立与当地相宜的养老模式，积极引入社会资源完善和提升养老水平。要完善城乡一体的基本医疗保险制度，实现基本医疗公共服务均等化，建立重大疾病社会保险基金，保障公民有能力抵抗重大疾病冲击。要与扶贫基金统筹合作，加强对重大疾病致贫家庭的扶持。积极发展社会慈善组织，加强政府与民间在社会救助、社会福利方面的合作，建立覆盖全、机制活、专业强的社会服务网络。要不断完善城乡最低生活保障制度，建立帮助最低生活保障家庭发展制度，加强特定人群的社会保障力度。

（四）集全社会之力实现脱贫

根据不同致贫原因，实施差异性脱贫方案，实现精准扶贫、精准脱贫，建立脱贫跟踪信息系统，防止返贫。要在各级党委政府的协调组织下科学配置财政资源，增强扶贫对象脱贫能力，从根子上实现脱贫。要积极引入社会资源，以产业扶贫为主线，引入发达地区的技术、人才、市场渠道，提升扶贫地区的自我发展能力。

（五）大力发展健康服务

把健康服务纳入政府施政工作之中，建立与中国特色社会主义相适应的健康服务体系。推动全民健身活动，形成全社会的健康生活习惯，发展健身体育。要深化医药卫生体制改革，建立分级诊疗制度，严格管控医药价格，健全全民医保制度，建立优质高效的医疗卫生服务体系。要加强基层医疗卫生服务体系和全科医生队伍建设，建立食品安全监测体系，防控流行病。要支持社会办医，简化三级医院设置审批，对二级及以下医疗机构实行审批与执业登记"两证合一"，消除政策障碍。制定康复医疗、护理、健康体检等六类独立设置医疗机构的基本规范，推动"互联网+"和人工智能在医疗健康领域的发展应用。

第七章　协调推进现代化经济体系建设

党的十九大报告提出，为了实现"两个一百年"奋斗目标、实现中华民族伟大复兴中国梦，不断提高人民生活水平，必须贯彻新发展理念，建设现代化经济体系，并将建设现代化经济体系确定为今后我国发展的战略目标。2018年1月30日，习近平总书记在中共中央政治局就建设现代化经济体系进行第三次集体学习时强调指出，建设现代化经济体系，这是党中央从党和国家事业全局出发，着眼于实现"两个一百年"奋斗目标、顺应中国特色社会主义进入新时代的新要求做出的重大决策部署。[①]

第一节　建设现代化经济体系是解决新时代社会主要矛盾的基本要求

党的十九大报告明确指出，要贯彻新发展理念，建设现代化经济体系。这是党的十九大着眼决胜全面建成小康社会、全面建设社会主义现代化国家伟大目标做出的重大战略部署，对于解决新时代社会主要矛盾、

---

① 《习近平在中共中央政治局第三次集体学习时强调　深刻认识建设现代化经济体系重要性　推动我国经济发展焕发新活力迈上新台阶》，《人民日报》2018年2月1日，第1版。

跨越发展关口具有重大意义。建设现代化经济体系，对应对我国社会主要矛盾的新变化具有重大意义。社会主要矛盾是在社会诸多矛盾中处于支配地位并对社会发展起决定作用的矛盾。党的十九大报告指出，我国社会主要矛盾已经由人民日益增长的物质文化需要同落后的社会生产力之间的矛盾转化为人民日益增长的美好生活需要和不平衡不充分的发展之间的矛盾。新确立的我国社会主要矛盾规定了新时代党和国家的中心工作和行动指南。现代化经济体系具有的基本特征，使其成为解决新时代我国社会主要矛盾的重大举措和主要抓手。

习近平总书记在2018年主持中央政治局第三次集体学习时强调指出，建设现代化经济体系是我国发展的战略目标，也是转变经济发展方式、优化经济结构、转换经济增长动力的迫切要求。[①] 从经济发展阶段看，我国经济已由高速增长阶段转向高质量发展阶段，正处在优化经济结构、转换增长动力的攻关期，迫切需要推动经济发展质量变革、效率变革、动力变革，跨越关口，提高全要素生产率。

一　建设现代化经济体系是应对主要矛盾转变的题中应有之义

2017年我国国内生产总值达到80万亿元，稳居世界第二，城镇化率年均提高1.2个百分点，8000多万农业转移人口成为城镇居民，城乡居民收入增速超过经济增速。我国已经稳定解决了十几亿人民的温饱问题，总体上实现了小康，不久将全面建成小康社会。此外，目前我国已经有1亿多人接受过高等教育，国民整体素质不断提升。告别短缺经济时代，中国社会也由生存型社会转向发展型社会，中国特色社会主义进入了新时代，人民对美好生活的需要日益广泛，不仅对物质文化生活提出更高要求，而且在民主、法治、公平、正义、安全、环境等方面的要求日益

[①] 《习近平在中共中央政治局第三次集体学习时强调　深刻认识建设现代化经济体系重要性　推动我国经济发展焕发新活力迈上新台阶》，《人民日报》2018年2月1日，第1版。

增长。基于中国发展新的历史方位，针对发展不平衡不充分这一突出问题，党的十九大对中国社会主要矛盾发生的深刻转化做出了新判断：我国社会主要矛盾已经转化为人民日益增长的美好生活需要和不平衡不充分的发展之间的矛盾。

对"不平衡不充分的发展"的判断，实事求是地反映了新时代中国特色社会主义主要矛盾的主要问题，即发展的不平衡不充分的问题。"不平衡"是从发展的领域范围来讲，"不充分"是从发展的层级和质量来讲。在经济领域，不平衡发展集中表现在供需不平衡、区域不平衡、产业不平衡、城乡不平衡、收入不平衡等方面。不充分发展，指我国生产力发展不充分、资源和能源没有得到充分利用、原发性的重大科技创新能力不太强，等等。我国社会主要矛盾的变化，要求我们在继续发展的基础上，着力解决好发展不平衡不充分问题，大力提升发展的质量和效益，更好满足人民日益增长的美好生活需要。没有符合新时代要求的现代化经济体系，发展不平衡不充分这一主要制约因素难以有效破除。因此，贯彻新发展理念，建设现代化经济体系是因应主要矛盾转变的题中应有之义，体现了以习近平同志为核心的党中央坚持以人民为中心的发展理念。要解决这一问题，只能通过创新发展、协调发展、绿色发展、开放发展和共享发展，大力提升发展质量和效益，在发展中更加注重社会公平，不断消除地区差距、收入差距和城乡差距，努力让全体人民共享改革开放和发展的成果。

二 现代化经济体系是满足人民日益增长的美好生活需要的必由之路

现代化经济体系是高质量产品和服务的供给体系。建设现代化经济体系是解决我国供给体系的质量总体不高、发展不够充分的有效途径，是满足人民日益增长的美好生活需要的必由之路。现代化经济体系是可实现发展动能转换和再造的可持续发展的体系。第一，现代化经济体系内含强烈的创新激励。产权保护机制和超额利润机制对各种创新活动具有强烈的激励作用;基于竞争的优胜劣汰机制迫使经济行为主体必须进行创新。第二,现代化经济体系是一个开放型体系,它通过生产要素的自由流动,形成面向全球的贸易、投融资、生产、服务网络,可在国际国内两个市场进行资源配置,因而为整个经济体系不断注入新的活力。

现代化经济体系由于具有更完善的机制和更健全的功能,因而具有更好的纠错能力和修复能力,以及在此基础上的可持续发展能力。建设现代化经济体系可以为发展的充分性提供不竭的动力,有利于满足人民日益增长的美好生活需要。①

三 现代化经济体系是解决发展失衡难题的客观要求

现代化经济体系必须是市场机制在资源配置中发挥决定性作用的经济体系,市场经济充分体现了经济发展的效率性和发展机会上的公平性。但是,近百年来的全球经济发展经验表明,市场机制的优势越来越难以掩盖市场失灵的缺陷,原因在于现代经济具有高度复杂性,经济运行涉及的变量大幅增加。因此需要"有为政府"来解决市场失灵导致的种种问题。通过"有效市场"和"有为政府"的有效组合和共同作用,可实现具有效率的发展均衡化。因此,要有效解决我国不平衡发展问题,必须建设现代化经济体系。

第二节 深化供给侧结构性改革,协同推进
质量变革、效率变革和动力变革

习近平总书记指出,变革创新是推动人类社会向前发展的根本动力。

---

① 刘少波:《解决新时代我国社会主要矛盾的重大举措和主要抓手》,《南方日报》2017年12月4日,第2版。

谁排斥变革，谁拒绝创新，谁就会落后于时代，谁就会被历史淘汰。[①] 党的十九大报告指出，建设现代化经济体系，必须坚持质量第一、效益优先，以供给侧结构性改革为主线，推动经济发展质量变革、效率变革、动力变革。这是以习近平同志为核心的党中央对我国经济发展路径做出的最新论述，既是建设现代化经济体系的根本路径，也是推动经济发展的重要目标。在这三大重要变革中，质量变革是主体，既包括通常所说的提高产品和服务质量，也包括提高国民经济各领域、各层面素质；效率变革是主线，也是提升我国经济竞争力的关键和实现高质量发展的支撑；动力变革是基础，在我国传统动力减弱的背景下重新培植经济发展新动力新优势，将传统要素驱动力转变为创新驱动力。深化供给侧结构性改革是建设现代化经济体系的首要任务，也是推进其他任务必须坚持的逻辑主线。

一 质量变革是深化供给侧结构改革的基础前提

习近平总书记在党的十九大报告中强调建设现代化经济体系，必须把发展经济的着力点放在实体经济上，把提高供给体系质量作为主攻方向，显著增强我国经济质量优势。中国经济已经由高速增长阶段转向高质量发展阶段。我们要贯彻新发展理念，坚持质量第一、效益优先，建设现代化经济体系。

质量变革的基础是提高产品质量，弘扬劳模精神和工匠精神。这里的产品质量既指作为消费品对现行标准和人民需求的满足程度，又指作为中间产品对产业链提升和创新的支撑能力。中国应着力提升产品的质量水平，强调精益生产理念和发扬工匠精神，通过产品质量的不断提升，形成产品的独特竞争优势和对产业链的参与优势，从而改善市场竞争环

[①] 习近平：《开放共创繁荣 创新引领未来——在博鳌亚洲论坛2018年年会开幕式上的主旨演讲》，《人民日报》2018年4月11日，第3版。

境和优化价值链的结构。质量变革既指生产技术水平的提高，又指生产经营方式的优化，还强调企业组织方式的全面创新。质量变革的关键是提升生产质量，增加有效供给，减少无效供给。质量变革的目标是提升人们的获得感、安全感和体验感，全面提升生活质量，完善促进消费的体制机制，增强消费对经济发展的基础性作用。

要把提高供给体系的质量作为主攻方向，向国际先进质量标准看齐，开展质量提升行动，显著增强我国经济质量优势，使中国制造和中国服务成为高质量的标志；推动企业和产品的优胜劣汰，资源向优质企业和产品集中，通过充分有效的市场竞争，逐步形成一批有长期稳定国际竞争力的高质量品牌企业和产品；营造有利于创新的环境，推动创新要素的流动和集聚，鼓励旨在提高产品和服务质量的各类创新；把绿色发展作为质量提高的重要内容，从消费、生产、流通、投资到生活方式，加快全方位的绿色转型，使绿色低碳成为高质量产品和服务的重要特征。

二 效率变革是深化供给侧结构改革的核心目标

效率变革主要包括生产效率、市场效率和协同效率三项主要内容。效率变革的关键是拓展效率视野，提升效率层次，追求效益优先。

效率变革，就是要找出并填平在以往高速增长阶段被掩盖或忽视的各种低效率洼地，为高质量发展打下牢固的基础。生产效率强调要素配置效率、企业运行效率和生产组织效率三个方面。提高要素配置效率的关键是推进要素的市场化配置，大力破除无效供给，进一步处置好"僵尸企业"；确立、培育和扶持新动能，推动传统产业优化升级；大力降低实体经济成本，特别是具有普遍意义的能源成本、物流成本、金融成本和税费成本；进一步实质性放宽市场准入，完善退出机制，通过生产要素的合理流动和优化组合、企业兼并重组，全面提高经济的投入产出效率。提升企业运行效率的关键是优化企业的组织方式和经营方式。要实现企业内部资源和生产方式的有效组合，使企业适应个性化、多样化的需求变动，创新经营理念和管理方法，推进供给体系创新，有效实现供需动态平衡。提升生产组织效率的关键是深入推进供给侧结构性改革，有效融合"工业4.0""再工业化""质量第一""服务型生产"等现代生产组织理念，推进"中国制造"向"中国创造"转变，"中国速度"向"中国质量"转变，"制造大国"向"制造强国"转变。

市场效率重点关注三个领域，即市场准入效率、市场匹配效率和市场交易效率。其中，市场准入效率的关键是落实好"放管服"改革，进一步实施简政放权，进一步加强事中事后监管，全面实施并不断完善市场准入负面清单制度，并对创新产品和服务坚持审慎监管原则；市场匹配效率完善市场的体制机制，从而使市场具备更好的差异化需求识别能力、管理能力和响应能力，从而形成定制化、个性化、减量化的需求新态势；市场交易效率的关键是要尽量简化交易过程，要尽量明晰交易对象，交易规则要满足现代化经济体系发展的要求，破除歧视性限制和各种隐性障碍。

协同效率主要是指经济与社会、经济与生态之间的协同关系和运行效率。从经济与社会来看，要增强经济实力，提高保障和改善民生水平。从经济与生态来看，要转变经济发展方式，加快推进生态文明建设，将生态经济作为新动能的重要载体。

三 动力变革是深化供给侧结构改革的关键保障

动力变革，就是要在劳动力数量和成本优势逐步减弱后，适应高质量、高效率现代化经济体系建设的需要，加快从数量红利到质量红利的转换。首先是要提升自主创新水平，增强经济发展新动能。在激烈的国际竞争中，唯创新者进，唯创新者强，唯创新者胜。世界经济长远发展的动力源自创新。总结历史经验，我们会发现，体制机制变革释放出的活力和创造力,科技进步造就的新产业和新产品,是历次重大危机后世界经济走出困境、实现复苏的根本。

首先,要从其贯彻落实党的十九大关于推动经济发展的质量变革、效率变革、动力变革的重大决策,实现中国制造向中国创造转变、中国速度向中国质量转变、中国产品向中国品牌转变,必须有信心、有耐心、有定力地抓好自主创新。要瞄准世界科技前沿,强化基础研究,实现前瞻性基础研究、引领性原创成果重大突破。要加强应用基础研究,拓展实施国家重大科技项目,突出关键共性技术、前沿引领技术、现代工程技术、颠覆性技术创新,为建设科技强国、质量强国、航天强国、网络强国、交通强国、数字中国、智慧社会提供有力支撑。

其次,必须把重视知识、重视人才放在优先位置。"功以才成,业由才广。"人才是创新的根基,创新驱动实质上是人才驱动,谁拥有一流的创新人才,谁就拥有了科技创新的优势和主导权。习近平总书记在中国科学院第十九次院士大会、中国工程院第十四次院士大会上的讲话也提到,创新之道,唯在得人。得人之要,必广其途以储之。要加快教育现代化,从基础教育、高等教育到职业教育,全面提高教育质量,提高经济社会发展各个层面劳动者的素质。要加强知识产权的保护和激励,培养和造就一大批具有国际水平的战略科技人才、科技领军人才、青年科技人才和高水平创新团队,促进各类人才的合理流动。要营造劳动光荣的社会风尚和精益求精的敬业风气,尊重劳动、尊重创造,建设知识型、技能型、创新型劳动者大军,提高一线劳动者的社会地位,打破阶层固化,拓展纵向流动、奋斗成才的渠道和机会。[①] 要加快形成有利于人才成长的培养机制、有利于人尽其才的使用机制、有利于竞相成长各展其能的激励机制、有利于各类人才脱颖而出的竞争机制,培植好人才成长的沃土,让人才根系更加发达,一茬接一茬茁壮成长。

---

① 刘世锦:《推动经济发展质量变革、效率变革、动力变革》,《中国发展观察》2017年第11期。

第三节 着力构筑实体经济、科技创新、现代金融、人力资源协同发展的产业体系

习近平总书记在 2018 年主持中共中央政治局第三次集体学习时强调，要建设创新引领、协同发展的产业体系，实现实体经济、科技创新、现代金融、人力资源协同发展，使科技创新在实体经济发展中的贡献份额不断提高，现代金融服务实体经济的能力不断增强，人力资源支撑实体经济发展的作用不断优化。这是适应当今世界科技革命与产业变革新潮流，并针对我国发展的现实矛盾做出的决策部署。实体经济是发展的主体和基础，创新是引领发展的第一动力，金融是现代经济的核心和血脉，人力资源是发展的第一资源。四者的协调、同步、融合、互动发展，是现代产业体系的显著特征，是提升产业国际竞争力、壮大国家经济实力的根本举措。

一　大力发展实体经济，夯实现代产业体系的根基

实体经济是我国经济的主体，实体经济是国民经济的根基和命脉。党的十九大报告提出，建设现代化经济体系，必须把发展经济的着力点放在实体经济上。"不论经济发展到什么时候，实体经济都是我国经济发展、在国际经济竞争中赢得主动的根基。"习近平总书记一直将发展实体经济视为经济工作的重中之重。2015 年 10 月，习近平总书记在党的十八届五中全会第二次全体会议上指出，我们的政策基点要放在企业特别是实体经济企业上，高度重视实体经济健康发展，增强实体经济赢利能力。2016 年，习近平总书记在中央经济工作会议上进一步明确，振兴实体经济是供给侧结构性改革的主要任务，供给侧结构性改革要向振兴实体经济发力、聚力。不论经济发展到什么时候，实体经济都是中国经济发展、在国际经济竞争中赢得主动的根基。中国经济是靠实体经济起家的，也

要靠实体经济走向未来。2017年，习近平总书记在徐工集团调研时再次强调，中国这么大，必须始终高度重视发展壮大实体经济，不能走单一发展、脱实向虚的路子。要深化供给侧结构性改革，加快发展先进制造业，推动互联网、大数据、人工智能同实体经济深度融合，推动资源要素向实体经济集聚、政策措施向实体经济倾斜、工作力量向实体经济加强，营造脚踏实地、勤劳创业、实业致富的发展环境和社会氛围。

以构筑实体经济为主体的现代产业体系，要求我们在投资导向上必须以实体经济投资和社会资本投入为主，在产业导向上以先进制造业和现代服务业为主，在增长导向上以占据产业链和价值链高端为主，促进我国产业体系向全球的产业链、价值链的中高端攀升，推动实体经济进一步做优、做强、做大。发展实体经济并不是再走铺摊子、扩大规模的老路，而是要使实体经济内涵发展、由大变强。推动经济高质量发展，要把重点放在推动产业结构转型升级上，把实体经济做实做强做优。要立足优势、挖掘潜力、扬长补短，努力改变传统产业多新兴产业少、低端产业多高端产业少、资源型产业多高附加值产业少、劳动密集型产业多资本科技密集型产业少的状况，构建多元发展、多极支撑的现代产业新体系。要以深化供给侧结构性改革为主线，解决实体经济供给结构不适应需求结构变化的突出矛盾，从数量规模扩张转向高质量发展。坚持质量第一、效率优先，着力提高实体经济供给体系质量，着力推动质量、效率、动力三大变革。要更加重视发展实体经济，把新一代信息技术、高端装备制造、绿色低碳、生物医药、数字经济、新材料、海洋经济等战略性新兴产业发展作为重中之重，构筑产业体系新支柱。要以壮士断腕的勇气，果断淘汰那些高污染、高排放的产业和企业，为新兴产业发展腾出空间。要培育壮大战略性新兴产业，改造提升传统产业，加快发展先进制造业和现代服务业，推动互联网、大数据、人工智能同实体经济深度融合，促进我国产业迈向全球价值链中高端，培育若干世界级先进制造业集群。

二 加快建设创新型国家，强化科技创新的引领作用

加快建设创新型国家，是实现中华民族伟大复兴的必然选择。加快创新型国家建设是全球竞争的大势所趋。习近平总书记指出，在激烈的国际竞争中，唯创新者进，唯创新者强，唯创新者胜。[①] 只有真正用好科学技术这个最高意义上的革命力量和有力杠杆，才能走出一条从人才强、科技强到产业强、经济强、国家强的发展路径。经过长期努力，我国在一些领域已接近或达到世界先进水平，但也出现实体经济内部供需失衡、科技创新能力不强等问题。一方面，科技创新能力不够强，若干重要领域的关键核心技术亟待突破，产业多处于价值链中低端，高端制造业和服务业比重还不高；另一方面，科技与经济"两张皮"问题突出，科技成果转化难，转化率低，科技创新成果对实体经济发展的支撑力度不够。实体经济内部出现供需结构失衡的原因就是因为创新水平不高造成的，导致一些产业出现普遍的产能过剩，另一些产业又存在有效供给不足问题，大多数产业只能适应中低端、低质量、低价格的需求，难以满足人们日益升级的多层次、高品质、多样化的消费需求。

在党的十九大报告指出，科技创新是建设现代化产业体系的战略支撑。要着眼国家战略需求，主动承接国家重大科技项目，引进国内外顶尖科技人才，加强对中小企业的创新支持，培育更多具有自主知识产权和核心竞争力的创新型企业。我们要把握新一轮科技革命机遇，发展壮大国家战略科技力量，强化创新能力建设，构建引领世界创新发展的国家创新体系，特别是引领世界科技发展的国家科研体系。要瞄准世界科技前沿，强化基础研究，实现前瞻性基础研究、引领性原创成果重大突破。加强国家创新体系建设，深化科技体制改革，建立以企业为主体、

---

① 《习近平谈创新》，《人民日报》（海外版）2016年3月1日，第9版。

市场为导向、产学研深度融合的技术创新体系,努力使科技创新对经济发展的贡献率不断提高。① 习近平总书记指出,面向未来,增强自主创新能力,最重要的就是要坚定不移走中国特色自主创新道路,坚持自主创新、重点跨越、支撑发展、引领未来的方针。② 要坚定不移走中国特色自主创新道路,准确预判科技创新方向,超前规划布局,加大投入力度,牢牢掌握科技创新的制高点和主动权。③

三 引导金融流向实体经济,增强金融服务实体经济能力

习近平总书记在2017年全国金融工作会议上指出,金融业要紧紧围绕服务实体经济、加快转变金融发展方式,促进经济和金融良性循环、健康发展。他同时要求金融业要回归本源,服从服务于经济社会发展。金融要把为实体经济服务作为出发点和落脚点,全面提升服务效率和水平,把更多金融资源配置到经济社会发展的重点领域和薄弱环节,更好满足人民群众和实体经济多样化的金融需求。

金融是实体经济的血脉,为实体经济服务是金融的天职,是金融的宗旨,也是防范金融风险的根本举措。金融服务实体经济主要通过两个渠道实现:供给资金并优化资金配置,提升治理效率。提高金融资本质量就是要通过改善金融与实体经济失衡、完善金融监管、抑制金融过度膨胀等方式抑制资金空转和自我循环。同时,还要通过引入有效竞争、推动金融智能化转型等方式提升金融体系效率,推动金融资源更多配置到实体经济的薄弱环节和重点领域。此外,还要将金融改革、发展和风险防范与混合所有制改革、提升企业公司治理水平结合起来。④ 要改善金

---

① 林兆木:《着力建设创新引领 协同发展的产业体系》,《经济日报》2018年3月1日。
② 《习近平以创新点燃改革引擎》,新华网,http://www.xinhuanet.com//2018-08/13/c_1123260544.htm,2018年8月13日。
③ 曾华锋:《坚持创新引领 加快建设创新型国家》,《光明日报》2017年12月13日,第5版。
④ 赵昌文、朱鸿鸣:《建设协同发展产业体系"三问"》,《经济日报》2017年12月15日。

融服务，疏通金融进入实体经济特别是中小企业、小微企业的管道。要让金融回归本源，服从服务于经济社会发展，努力促进金融和实体经济、金融和房地产、金融体系内部这三个方面的良性循环，在建设创新引领、协同发展的产业体系中发挥更大作用。

四 深入实施人才强国战略，巩固人力资源对实体经济的支撑

党的十八大以来，习近平总书记高度重视人才问题和人才工作，多次强调人才资源是第一资源的观点。2013年10月21日，习近平总书记在欧美同学会成立100周年庆祝大会上的讲话中明确指出，人才资源作为经济社会发展第一资源的特征和作用更加明显，人才竞争已经成为综合国力竞争的核心。谁能培养和吸引更多优秀人才，谁就能在竞争中占据优势。[1] 没有一支宏大的高素质人才队伍，全面建成小康社会的奋斗目标和中华民族伟大复兴的中国梦就难以顺利实现。在党的十九大报告中，习近平总书记这样论述人才的重要价值："人才是实现民族振兴、赢得国际竞争主动的战略资源。"[2] 无论是发展实体经济，还是加大科技创新和发展现代金融，都离不开高素质的人力资源。[3] 为巩固人力资源对实体经济的支撑，要创造更多的条件、更好的环境，让各类人才有用武之地，不断激发其潜能和创造力，释放人才红利。要实施更加积极、更加开放、更加有效的人才政策，大力开发与现代产业体系相适应的人力资源。还要改革完善使用外国人才的体制和政策，提升市场主体在全球配置人才资源的能力。要加快建设学习型社会，建设知识型、技能型、创新型劳动者大军，弘扬劳模精神和工匠精神，在劳动力数量减少的同时，转向

---

[1] 习近平：《在欧美同学会成立100周年庆祝大会上的讲话（2013年10月21日）》，《人民日报》2013年10月22日，第2版。
[2] 习近平：《决胜全面建成小康社会 夺取新时代中国特色社会主义伟大胜利——在中国共产党第十九次全国代表大会上的报告》，人民出版社，2017，第64页。
[3] 黄汉权：《建设支撑高质量发展的现代产业体系》，《经济日报》2018年5月10日。

以质量优势支撑实体经济高质量发展。

第四节 着力构建市场机制有效、微观主体有活力、宏观调控有度的经济体制

党的十九大报告指出，着力构建市场机制有效、微观主体有活力、宏观调控有度的经济体制，不断增强我国经济创新力和竞争力。这不仅是构建现代经济体系的必然要求，而且蕴含了市场、微观主体和政府调控之间的科学联系。

市场机制有效，是现代经济体系的核心内容。如何厘清市场和政府的边界，是中国经济发展中的核心问题之一。我国绝大多数的商品和服务的价格已经放开管制，但要素价格改革还不到位，仍然存在行政性垄断、市场垄断等问题。要想使市场机制有效，必须发挥市场在资源配置中的决定性作用，使有关资源和生产的决策以价格为基础，从而能够引导资源配置符合市场需求并通过优胜劣汰提高配置效率。党的十九大报告指出，要使市场在资源配置中起决定性作用，更好发挥政府作用，这是对市场和政府关系的科学论断。市场机制有效，就是要把凡能由市场形成的价格交给市场，通过市场价格来配置资源。这就必须进一步破除各种形式的垄断，让反映真实经济情况和供求关系的市场价格能够顺利形成。建设现代化经济体系，就要坚持社会主义市场经济改革方向，使市场在资源配置中起决定性作用。要使市场机制有效，就要坚持简政放权、放管结合，加快要素价格市场化改革，放宽服务业准入限制，深化商事制度改革，打破行政性垄断，防止市场垄断。要充分调动各类市场主体自主决策、自主经营的积极性、主动性、创造性，加快形成企业自主经营公平竞争、消费者自主选择自主消费、商品和要素自由流动、平等交换的现代市场体系，以及完善的基本经济制度、现代市场体系和宏

观调控体系，促进各级政府履行好经济调节、市场监管、公共服务、社会管理的应尽职责，从体制机制上保障我国经济创新力和竞争力不断增强。①

微观主体有活力，则是现代经济体系中微观经济主体的应然状态，也是市场机制真正有效的结果。企业是市场经济的细胞，是创业、创新的主体，企业活力是整个经济充满生机活力和蓬勃发展的基础。平等的市场准入和产权保护、公平的竞争条件和营商环境，是市场微观主体焕发生机活力的基本保证。以供给侧结构性改革为主线建设现代化经济体系，要求深化产权制度改革和要素市场化改革。深化产权制度改革的目的是使各种所有制经济和各种类型的产权得到清晰界定、严格保护和顺畅流转，以保障良好市场秩序、激发市场主体活力、稳定市场预期。通过市场价格来配置资源，产业和企业必须有竞争能力和创新能力，从而能够吸引各种资源。而各种资源在选择流向的时候，会自觉遵守比较优势，从而达到自身效用的最大化，这也会使整个经济体系充满创新的活力。通过深化产权制度改革和要素市场化改革，实现产权有效激励、要素自由流动、价格反应灵活、竞争公平有序、企业优胜劣汰，有效提高微观主体活力。

宏观调控有度，则是要更好地发挥政府的作用。以供给侧结构性改革为主线建设现代化经济体系，要求改变宏观调控方式，把总需求调控与深化供给侧结构性改革统一起来，把短期调控与长期调控、总量调控与结构调控统一起来，以适度的总需求管理创造经济稳定增长的有利环境，以供给侧结构性改革推动总量失衡深层矛盾的有效解决。② 在总需求调控上，当经济过热、出现明显通货膨胀时，政府实施紧缩的财政货币政策，既要把通胀率降到目标水平，又不能紧缩过头使通货膨胀变成通

---

① 宁吉喆：《建设现代化经济体系》，《人民日报》2017年12月5日，第4版。
② 刘伟：《以供给侧结构性改革为主线建设现代化经济体系》，《人民日报》2018年1月26日，第7版。

货紧缩，导致经济过冷。当经济下行、衰退时，政府可实施宽松的财政货币政策，既要使经济实际增长率回升到潜在增长率水平，又不能刺激过头，导致严重的通货膨胀，甚至引发金融危机。① 这就要求一方面政府要弱化微观方面的管理职能，进一步放权给市场，积极提升市场的效率，另一方面宏观调控的方式要有改进，政府要把重心放在强化规范市场秩序和市场监管上。②

经过30多年的努力，我国社会主义市场经济体制不断完善。目前，我国市场主体已达9000多万户，其中企业约3000万户，家庭经营的农户和城市非工商户创业者约2亿人，形成了经济发展的重要微观基础。同时，宏观调控方式不断创新，通过区间调控、定向调控、相机调控、精准调控等正确的宏观经济政策措施，经济运行保持在合理区间。

第五节　广东省和广州市协调推进现代化经济体系建设的实践与探索

2018年3月7日，习近平总书记在参加十三届全国人大一次会议广东代表团审议时指出，建设现代化经济体系，事关我们能否引领世界科技革命和产业变革潮流、赢得国际竞争的主动，事关我们能否顺利实现"两个一百年"奋斗目标。如何在建设现代化经济体系上走在全国前列？广东近年来先行先试，大胆探索，大胆实践，在构建现代化经济体系方面为全国提供了宝贵的经验。

一　大力发展实体经济，筑牢经济发展基础

作为改革开放的先行地，广东一直以制造业立省，把着力点放在以

---

① 林兆木：《关于建设现代化经济体系的几个问题（之二）加快完善促进现代化经济体系建设的经济体制（新征程新篇章）》，《人民日报》（海外版）2018年2月14日，第11版。
② 吴黎华：《"三个有"是构建现代经济体系的必然要求》，《经济参考报》2017年11月6日。

制造业为根基的实体经济上,加快发展电子信息、装备制造等先进制造业,积极培育新能源汽车、4K 等新兴产业,大力推动工业技改,加速企业转型升级,一批新兴的智能制造企业在广东蓬勃发展,实体经济发展走在全国前列。在广州,亿航发布全球第一款全电力低空自动驾驶载人飞行器"亿航184";在佛山,嘉腾机器人专注移动机器人 AGV 的研发创新,成功跻身中国工业机器人十大品牌。旧动能转型、新动能崛起,共同推动广东向"中国智造"发展。曾经被称为"世界工厂"的广东正在将战略性新兴产业发展作为重中之重,构筑产业体系新支柱。广东力争到 2020 年全省先进制造业增加值超 2.4 万亿元,占规模以上工业增加值比重达到 53% 以上,智能装备产业增加值达 4000 亿元。

2017 年,广东省政府发布了推动 4K 产业发展的三年计划,成为中国内地首个推动 4K 超高清产业发展的专项扶持政策。2018 年 5 月 18 日,广东省政府办公厅印发《广东省信息基础设施建设三年行动计划(2018 - 2020 年)》。明确提出"力争在全国率先建成网络强省",助力数字经济驶上快车道。广东海上风电产业加速发展,很多海上风电项目快速上马。2018 年 4 月 23 日,广东省发展改革委正式发布《广东省海上风电发展规划(2017 - 2030 年)(修编)》,到 2020 年底,广东省将开工建设海上风电 1200 万千瓦以上,其中建成投产 200 万千瓦以上,总投资 360 亿元以上;到 2030 年底前建成海上风电约 3000 万千瓦,总投资约 5400 亿元以上。拥有 4114 公里海岸线的广东,以海上风电为杠杆,撬动了千亿级的海洋经济和清洁能源跨界产业。

围绕建设现代化经济体系,广州坚持以主导产业为引领、以龙头企业为带动、以产业生态环境为支撑,大力发展新一代信息技术、人工智能、生物医药和新能源新材料等战略性新兴产业,积极构建面向世界、面向未来的高端、高质、高新现代产业体系,构筑支柱产业、主导产业、新兴产业等相互补位的稳固支撑广州经济发展的"四梁八柱"。目前,广州正在大力发展以新一代信息技术、生物医药、人工智能为主的"IAB"产业，富士康第 10.5 代显示器全生态产业园、思科智慧城、百济神州、GE 生物园、广汽智联新能源汽车产业园、日立电机、华为、百济神州、粤芯芯片等龙头项目相继签约或动工，战略性新兴产业重大项目已动工建设，并形成集聚效应。2017 年，广州先进制造业增加值占制造业比重提高到 64%，现代服务业增加值占服务业比重提高到 66%，战略性新兴产业逐步成为推动产业转型升级的重要力量。

二 实施创新驱动发展战略，引领和支撑现代化经济体系

创新是引领发展的第一动力，是建设现代化经济体系的战略支撑。2017 年 4 月 4 日，习近平总书记对广东工作做出重要指示，要求广东总结经验、明确方向、发挥优势、弥补不足，在新的起点上再创新局。做好现代化经济体系建设这篇大文章，必须加快实施创新驱动发展战略，增强动力。这些年，广东坚持把创新驱动发展作为核心战略和总抓手，把创新作为引领发展的第一动力，启动并扎实推进国家科技产业创新中心和珠三角国家自主创新示范区建设，市场主体活跃、企业创新能力强的优势开始显现。全省研发经费支出从 2012 年的 1236 亿元增加到 2017 年的超过 2300 亿元，居全国第一；区域创新综合能力排名跃居全国第一；国家级高新技术企业从 6652 家增加到 3 万家，跃居全国第一；高新技术产品产值达 6.7 万亿元，年均增长 11.4%；有效发明专利量、PCT 国际专利申请量及专利综合实力连续多年居全国首位；技术自给率和科技进步贡献率分别达 72.5% 和 58%。截至 2017 年底，广东有效发明专利 208502 件，同比增长 23.8%，连续八年居全国首位，平均每万人口拥有发明专利约 19 件。从 2010 年到 2017 年，广东的发明、实用新型专利申请量占比由 57% 提高到 74%，这充分体现专利含金量在大幅提高，成为经济高质量发展的动力。以创新和专利作为主要特征的独角兽企业，也在广东蓬勃发展。科技部火炬中心公布

的 160 多家独角兽名单中有 19 家广东企业上榜，估值接近 600 亿美元。

广州坚持以市场为导向，以企业为创新主体，打破路径依赖，全力以赴建设国家创新中心城市和国际科技创新枢纽，打造国际科技产业创新中心。2017 年广州创建了全省首家国家级制造业创新中心，获批成立再生医学与健康省级实验室、国家级先进高分子材料产业创新中心，专利申请量、授权量分别增加 35% 和 20%。广州已连续两年位居"机遇之城"大陆城市榜首。2017 年中国创新创业大赛广州赛区参赛企业 3154 家，占广东省的 75.14%。广州正高质量建设广州高新区、科学城、大学城、国际创新城、生物岛等创新节点，全力推进中新广州知识城开展知识产权运用和保护综合改革试验，发展知识密集型产业。①

三 深化供给侧结构改革，激发现代化经济体系活力

2016 年中央部署供给侧结构性改革后，广东率先出台了首个省级供给侧结构性改革总体方案，从提高供给质量出发，用改革的办法推进结构调整，狠抓"三去一降一补"，大力推进供给侧结构性改革，淘汰那些高污染、高排放的产业和企业，为新兴产业发展腾出空间，促进经济社会持续健康发展，在去产能、去库存、去杠杆、降成本、补短板等五个方面取得不俗的成就，为全国供给侧结构性改革提供了坚实支撑。一方面，进一步简政放权，转变政府职能，打好降低制度性交易、人工、税负等成本"组合拳"，切实减轻企业负担；另一方面，细化"三去一降一补"具体对策方案，明确目标，制订时间表，落实责任制，层层压担子，为推进供给侧改革赢得主动。2017 年，广东又制定了推进基础设施供给侧结构性改革实施方案。在推动产业升级，加快发展先进制造业、现代服务业，加强基础设施网络建设，向制造业中高端价值链迈进等方面，广东行动最快，收获最多。为了降低市场准入门槛，广东率先推出了企

---

① 吴城华、何涛：《广州构筑现代化经济体系四梁八柱》，《广州日报》2018 年 3 月 12 日。

业投资项目负面清单管理试点。"负面清单"意味着企业的市场准入门槛降低。企业在网上备案就可以，大大缩短审批时限。如今，广东实行备案管理的项目数量占企业投资项目总数的比例已达90%左右，90%以上的项目在县级政府投资主管部门办理，基本建立起以备案制为主的企业投资准入管理体制。降成本方面，仅2016年，广东全力推动7方面35项政策措施落地，全年帮助企业减负超过2000亿元。价格机制改革方面，广东修订出台《广东省政府定价目录（2018年版）》，放开、取消、下放了160多项定价事项，政府定价项目大幅减少；率先推进输配电价改革，圆满完成国家天然气试点改革，全面实施居民阶梯价格制度，实现工商业用电同网同价，并在交通、教育等领域建立起灵活反映市场供求的价格调整机制。补短板方面，重大项目扎实推进。针对农村配电网、天然气管网、人才供给体系等软硬基础设施，启动实施18项、总投资2.25万亿元的补短板重大工程。

后 记

习近平总书记关于协调发展理念的重要论述是习近平新时代中国特色社会主义思想的重要组成部分，习近平总书记关于协调发展理念的重要论述既包含了中国传统文化的精髓，也吸纳了人类历史上其他民族的优秀文化，并立足于我国革命、建设和改革的实践经验，是马克思主义中国化的最新成果，是中国特色社会主义理论体系的最新成果。

习近平总书记关于协调发展理念的重要论述不仅从理论上回答了我国经济社会发展中"为什么要协调发展""什么才是协调发展""怎样才能协调发展"的问题，而且从哲学层面对协调发展理念的特点和实践方法进行了理论归纳，使协调发展理念成为党和国家的行动指南。

为了从理论和实践结合的维度上全面领会习近平总书记关于协调发展理念的重要论述，我们受中共广州市委宣传部、广州市社会科学界联合会的委托，编写了《协调发展理念研究：新时代全面发展的制胜要诀》一书。全书共七章，分别阐述了关于协调发展理念重要论述的基本内涵、理论基础和特点方法，新时期区域协调发展、城乡协调发展、物质文明和精神文明协调发展的目标要求，以及协同推进"五大发展理念"的落实、协同推进构建现代化经济体系的路径。

后　记

　　本书由陈鸿宇拟定写作提纲。各章的撰写人是：第一章、第六章：彭春华；第二章：赵祥；第三章、第七章：胡霞；第四章、第五章：陈晓运；郭惠武也参与撰写了部分章节；最后由陈鸿宇统纂定稿。

　　本书写作过程中，借鉴并使用了国内同行的许多研究成果，得到了中共广州市委宣传部、广州市社会科学界联合会领导和同志们的悉心指导，北京和广东省、广州市的专家学者及社会科学文献出版社的编辑同志对书稿修改提出了很好的意见，在此，谨表示衷心感谢。

本书编著者
2019 年 3 月 1 日

图书在版编目(CIP)数据

协调发展理念研究：新时代全面发展的制胜要诀/陈鸿宇等编著. -- 北京：社会科学文献出版社，2020.8（2021.9 重印）
（新发展理念研究丛书）
ISBN 978-7-5201-7407-7

Ⅰ.①协… Ⅱ.①陈… Ⅲ.①中国特色社会主义-社会主义建设模式-研究 Ⅳ.①D616

中国版本图书馆 CIP 数据核字（2020）第 185955 号

新发展理念研究丛书
协调发展理念研究：新时代全面发展的制胜要诀

编　　著 / 陈鸿宇 等

出 版 人 / 王利民
责任编辑 / 周　琼
责任印制 / 王京美

出　　版 / 社会科学文献出版社·政法传媒分社（010）59367156
　　　　　　地址：北京市北三环中路甲 29 号院华龙大厦　邮编：100029
　　　　　　网址：www.ssap.com.cn
发　　行 / 市场营销中心（010）59367081　59367083
印　　装 / 三河市龙林印务有限公司

规　　格 / 开　本：787mm×1092mm　1/16
　　　　　　印　张：13.75　字　数：181 千字
版　　次 / 2020 年 8 月第 1 版　2021 年 9 月第 2 次印刷
书　　号 / ISBN 978-7-5201-7407-7
定　　价 / 79.00 元

本书如有印装质量问题，请与读者服务中心（010-59367028）联系

▲ 版权所有 翻印必究